DOCUMENTOS MARTINISTAS IX

DOCUMENTOS MARTINISTAS IX

G.E.I.M.M.E.

Editorial Manakel
Madrid 2026

© G.E.I.M.M.E., 2026
© Editorial Manakel, 2026
Ibáñez Marín, 11 - 28019 MADRID
Teléfonos: 91 472 9071 y 670 367 479
info@editorialdilema.com
www.editorialdilema.com
I.S.B.N. 978-84-9827-735-7
Depósito legal: M-3263-2026

Diseño de Colección: María Pérez-Aguilera
                    mariap.aguilera@gmail.com
Diseño de Portada: Esther Hernández

Maquetación: JMPG
            jmpg731@gmail.com

ÍNDICE

"El tapiz que veis ante vuestros ojos representa el Templo famoso que fue elevado en Jerusalén por el Rey Salomón a la gloria del Gran Arquitecto del Universo. Es el arquetipo fundamental de la Francmasonería y el objeto continuo de las profundas meditaciones de los Masones. Nunca os aplicareis lo bastante en estudiar el sentido de los símbolos que él os ofrece".

EL TEMPLO EN LA BIBLIA
Edmond Mazet

Es en estos términos que la instrucción moral de Aprendiz del Rito Escocés Rectificado presenta el Templo al Hermano recién recibido. Ella lo designa de entrada como "*el arquetipo fundamental de la Francmasonería*". El nuevo aprendiz no está en disposición de comprender clara y completamente el significado de esta expresión. Sólo después alcanzará a comprenderlo paulatinamente, a través de su progresión en los grados simbólicos que volverán a menudo a hablarle del Templo. Sin embargo, es llamado de inmediato a participar de las profundas meditaciones que los Masones hacen sobre este Templo, y a estudiar el sentido de los símbolos que ofrece, conforme a esta prescripción de la Regla Masónica: "*Estudiad el sentido de los símbolos y emblemas que la Orden os ofrece*"[1].

---

[1] Artículo VII (Perfección moral de uno mismo), punto V.

En Masonería, y en particular en el Rito Escocés Rectificado, el Templo tiene pues una función esencialmente simbólica. La instrucción de Aprendiz lo deja entender claramente, y la expresión "*arquetipo general de la Francmasonería*" hace cuando menos sentir que el Templo ocupa en el conjunto del simbolismo masónico un lugar destacado. La continuación del pasaje de la Regla Masónica que acabo de citar da una idea de la magnitud de este simbolismo: "*La naturaleza misma vela la mayor parte de sus secretos; ella quiere ser observada, comparada y algunas veces sorprendida en sus efectos. De entre todas las ciencias que presenten los resultados más brillantes en la industria y en el progreso de la sociedad, **observa aquella que te enseñe las relaciones entre Dios, el universo y tú, ya que colmará los deseos de tu alma celeste y te enseñará a cumplir mejor con tus deberes***". El Masón atento que compara este texto con el de la instrucción moral debe comprender que el simbolismo del Templo está en estrecha relación con esta ciencia suprema que la Regla Masónica le invita a buscar.

Por otra parte, debemos observar que, en la religión cristiana, el Templo de Jerusalén, en tanto que perteneciente al Antiguo Testamento, tiene, al igual que en la Masonería, una función esencialmente simbólica, función que es ampliamente manifestada en el Nuevo Testamento y que la tradición cristiana ha actualizado constantemente a lo largo de los siglos. Antes de ser objeto de las profundas meditaciones de los Masones, el Templo ha sido objeto de la meditación de los cristianos de todos los tiempos, y la meditación masónica sobre el Templo se arraiga, al menos en lo que concierne a nuestro Rito, en esta tradición de meditación cristiana. Ahora bien, por muy alto que esta meditación pueda elevarse, el Templo histórico, y el texto bíblico que de él nos habla, permanece en la base. Es en las páginas del Antiguo Testamento donde nos describen este Templo y nos cuentan su historia, donde se encuentran desplegados los símbolos que el cristiano y el Masón meditan, y así mismo es allí donde se halla encerrado el sentido que estos símbolos entrañan. Y es por otra parte en las páginas del Nuevo Testamento donde se hace referencia al Templo donde encontraremos las claves que nos permitirán penetrar en el interior de estos símbolos y comprender su sentido.

Es pues conveniente, al empezar un ciclo de estudios sobre el Templo en el Rito Escocés Rectificado, partir de la Biblia, y estudiar de antemano el Templo en la Biblia. Esto no puede evidentemente hacerse de manera exhaustiva en el marco de una conferencia como la de hoy, ni tampoco se trata de pretender hallar aquí una total exhaustividad como se podría hacer en un trabajo de pura erudición. Lo que voy a intentar hacer es desgajar del texto bíblico los elementos que me parecen más importantes para la meditación masónica sobre el Templo, sean a título de materiales, sean a título de guías.

Antes de entrar en este estudio, conviene remarcar que el carácter principal del Templo es el de ser el lugar donde se manifiesta de manera eminente la presencia divina en el mundo. Un texto del Rito Escocés Rectificado, el cual no puedo precisar con más detalle en este momento, lo designa como un lugar "*que la Gloria del Señor vino a habitar*". Si el Templo es el lugar donde se rinde culto a Dios, es en razón de esta presencia, sin la cual este culto sería en vano. Ahora bien, el Templo de Jerusalén no ha sido el único lugar ni el primero donde se ha manifestado. De la presencia de Dios en el mundo, antes del Templo, la Biblia hace varias veces mención, y conviene estar atento a estos pasajes bíblicos para situar el Templo de Jerusalén en su justa perspectiva.

I. LA PRESENCIA DE DIOS EN EL MUNDO ANTES DEL TEMPLO

Antes de la caída, en el jardín del Edén, el hombre podía en cierta manera encontrar a Dios y hablarle cara a cara. Después de la caída, ya no fue más así; la presencia divina está escondida y su manifestación, excepcional, es temible para el hombre. Recordemos solamente este pasaje del Éxodo en el que Dios dice a Moisés: "*No podrás ver mi faz, pues el hombre no puede verme y vivir*". Y Dios permite solamente a Moisés verle de espaldas[2]. Para Dios, mostrarse

---

[2] Éxodo 33:20-23.

"*de espaldas*", es mostrarse bajo un aspecto sostenible para el hombre en proporción a su capacidad, bajo una forma que lo manifiesta y lo disimula a la vez, como la nube, la llama, o esa forma suprema que la Biblia llama la gloria (*kaboad*).

Dios está invisiblemente presente por todas partes en el mundo, pero ciertos hombres, en ciertos lugares, pueden percibir su presencia, aunque no lo ven. Como Jacob, cuando tiene el sueño en el que ve esa escalera cuya cima alcanza el cielo y que los ángeles suben y bajan. Ve a Dios, y Dios le habla, pero sólo en sueños. Sin embargo, al despertarse, toma conciencia de que Dios se le ha manifestado y exclama: "*Este lugar es temible. Es la casa de Dios y la puerta del cielo*". Y Jacob llama al lugar Bethel, es decir, Casa de Dios. Jacob no construye el Templo, se limita a erigir una piedra [3]. Pero más tarde, el Templo de Jerusalén no se llamará de otra manera que "*la casa*" (*Bayif*).

La experiencia de Jacob es típica de una experiencia de lo sagrado que era bastante común entre los hombres de esa antigua época y que les conducía, como a él, a identificar lugares privilegiados con la presencia divina: estos son los "*altos lugares*" (*Bamot*), llamados así porque estaban situados sobre colinas (Bethel era uno de ellos) [4]. Otro de estos lugares era Gabaón, donde Salomón iba gustoso. Es

---

[3] Más tarde habrá allí un Templo para Bethel (I Reyes, 12:29).

[4] I Reyes, 12:31.

allí que, viendo a Dios en un sueño como Jacob en Bethel, le pidió y recibió la sabiduría[5]. Más tarde, el culto sobre los altos lugares fue prohibido ya que fue un instrumento del cisma que dividió al pueblo de Israel después de la muerte de Salomón, y porque fue tachado de prácticas idolátricas. El Templo de Jerusalén quedó entonces como el único lugar en el que llevar a cabo el culto del sacrificio, aquel donde este culto se mantenía en toda su pureza bajo la vigilancia de los sacerdotes y los levitas. Se convirtió en el signo de la presencia de Dios entre su pueblo, y fue para este pueblo, aunque disperso, un centro espiritual en el que encontraba su unidad, y el principio de esta unidad era esta presencia. Es la razón por la cual los judíos, aún hoy, lloran su destrucción.

II. Antes del Templo: el Tabernáculo

No obstante, antes de que el Templo de Jerusalén tuviera este papel de centro espiritual, este rol había sido asumido por el Tabernáculo, esa tienda de campaña que acompañó a los Israelitas por el desierto. El Tabernáculo era el prototipo del Templo, tenía su misma estructura y estaba, por así decirlo, construido sobre el mismo plan.

---

[5] I Reyes, 3:4.

El simbolismo del Tabernáculo es parte integrante del simbolismo del Templo, y lo que la Biblia nos dice del Tabernáculo forma parte de esa base bíblica que debe nutrir las meditaciones de los Masones.

El Tabernáculo se remonta a la revelación sinaítica. Es Dios mismo quien ordena a Moisés el construirlo: *"Asimismo me harán un Santuario para que more en medio de ellos"* (Éxodo, 25:8), y es Dios mismo quien prescribe la manera en que debe ser construido, el que fija la estructura y las proporciones. Esta construcción está ligada al conjunto de la revelación sinaítica y a la institución de la antigua alianza. Es en este momento que también es construida el arca de la alianza, que será situada en el Santo de los Santos del Tabernáculo[6] y más tarde en el mismo lugar en el Templo. Es en este momento que son dados los diez mandamientos, cuyas tablas serán puestas en el arca de la alianza[7]; y es en este momento que es instituido el culto sacrificial que se continuará más tarde en el Templo de Jerusalén.

La palabra Tabernáculo es la trascripción de la palabra latina *tabernaculum*, que quiere decir 'tienda de campaña'. Ya que en el período en que el pueblo de Israel es nómada, antes que Dios le haya dado una tierra donde fijar su residencia, Dios habita bajo una tienda de campaña, como su pueblo.

---

[6] Éxodo 25:10 y 26:33.

[7] Éxodo 25:16.

Y no deja de ser interesante destacar al respecto que hay sin duda un recuerdo de esa estancia de Dios bajo una tienda, en mitad de un pueblo viviendo bajo un toldo, en el prólogo del Evangelio de San Juan, donde se dice literalmente que el Verbo encarnado *"habitó bajo la tienda entre nosotros"*[8].

La palabra *tabernaculum* es aquella por la cual la Vulgata traduce la palabra hebrea *ohel*, que quiere decir 'tienda', pero el Tabernáculo tiene también otro nombre en hebreo, es *mishkan*, que se traduce por 'morada'. Esta palabra deriva en efecto de la raíz ShKN, que quiere decir 'morar', 'residir'. Se puede notar que, en la tradición judía, esta raíz ha dado la palabra *Shekhinah*, que designa la presencia divina hipostasiada, sin embargo, esta palabra no está en la Biblia, pertenece al hebreo talmúdico. Es en todo caso el verbo de la misma raíz que emplea Dios en el versículo que he citado anteriormente, en el que Dios dice a Moisés: *"Asimismo me harán un Santuario para que more en medio de ellos"*. La palabra hebrea que se traduce aquí por 'santuario' es *miqdash*, que está formada sobre la raíz QDSh como *mishkan* es formada sobre la raíz ShKN. De la raíz QDSh son también derivadas las palabras *Qadosh,* 'santo', y *Qodesh*, 'santidad'. Su sentido primero es 'separar', y lo que es santo es lo que es separado del resto del mundo; es por otra parte el sentido de la palabra latina *sanctus*. Desde el punto de

---

[8] Jn, 1:14.

vista metafísico, la designación de Dios como *qadosh*, como santo, expresa su trascendencia absoluta. Desde el punto de vista de la relación entre Dios y su criatura, esta designación expresa la separación que existe entre ellos, separación que tiene esencialmente la trascendencia divina, pero que ha sido profundamente modificada y agravada por la caída. Como hemos recordado al principio de este estudio, antes de la caída el hombre podía de una cierta manera (misteriosa, evidentemente, al menos para nosotros) ver a Dios cara a cara, porque éste había sido hecho a imagen y semejanza de su Creador. Después de la caída, la santidad de Dios significa en primer lugar la imposibilidad del hombre en lo sucesivo de ver a Dios cara a cara, y el carácter *a priori* temible de todo encuentro con Dios. Hay que comprender pues que cuando Dios dice a Moisés: "*Asimismo me harán un Santuario para que more en medio de ellos*", esto quiere decir: "*Hazme una morada en la que pueda estar en medio ellos estando separado de ellos*".

De hecho, en el Tabernáculo, como más tarde en el Templo, todo estaba dispuesto para asegurar la necesaria separación entre Dios y los hombres. La tienda estaba rodeada de un atrio (*hatsar*) que la separaba completamente del exterior, y estaba dividida en dos partes, el Santo (*Qodesh*) y el Santo de los Santos (*Qodesh ha Qadashim*)[9]. El

---

[9] Éxodo, 26.

conjunto del santuario estaba así dividido en tres partes, yendo en sentido del santo al más santo, y tal división en tres partes se volverá a encontrar en el Templo con el porche (*ulam*), el *hékal* y el *débir*, del que volveré a hablar más adelante. El Santo de los Santos es propiamente la morada de Dios. Es donde se sitúa el arca de la alianza, rematada por el propiciatorio donde Dios se manifiesta entre los querubines[10]. Los sacerdotes y los levitas podían penetrar en el Santo para el servicio del culto cotidiano, pero el Santo de los Santos les estaba prohibido. Sólo Moisés, durante su vida, podía penetrar a diario. A parte de él, sólo el gran sacerdote, Aarón y sus sucesores, podían penetrar, aunque solamente una vez al año, el gran día de las expiaciones[11].

El Tabernáculo es a menudo llamado en hebreo *ohel mo'ed*, que frecuentemente se ha traducido por 'tienda de reunión' o 'tienda de asignación', pero la mejor traducción sería "tienda del encuentro"[12]. De hecho, durante la estancia de los israelitas en el desierto, Moisés encontraba a Dios en esta tienda para recibir sus órdenes destinadas al pueblo. Dios, como se ha dicho, se manifestaba por encima del propiciatorio situado sobre el arca de la alianza. El propiciatorio era la tapa del arca (es el sentido de la palabra

---

[10] Levítico, 16:2.

[11] Levítico, 16.

[12] Es la traducción de Chouraqui. La raíz Y'D significa: fijar (un encuentro).

kaporet, de la raíz KPhR, que significa 'cubrir', aunque esta raíz significa también 'expiar'). Dios se le aparecía al gran sacerdote en una nube[13]. A Moisés, parece ser, se le mostraba bajo la forma de su gloria (*kaboad*), es decir, bajo la forma de una manifestación luminosa que la nube disimulaba al gran sacerdote, mientras que se desvelaba a Moisés. Cuando la teofanía del Sinaí, el pueblo entero vio la gloria de Dios, pero de lejos, bajo el aspecto de una llama brillando en la cima de la montaña. Sólo Moisés parece haberla visto de cerca y en todo su esplendor, hasta tal punto de que su rostro quedó resplandeciente[14].

A propósito del Tabernáculo, queda por hablar de los obreros que construyeron, siguiendo las órdenes de Dios transmitidas por Moisés, el arca de la alianza, la tienda de campaña, y todas las otras obras ordenadas por Dios. Todos ellos fueron designados por Dios mismo[15]. El principal se llamaba Betsaléel, y su asistente se llamaba Oholiab. Betsaléel, cuyo nombre significa 'en la sombra de Dios', es al Tabernáculo lo que Hiram fue al Templo de Salomón. Dios declara que lo ha "llenado de su espíritu", y que le ha concedido sabiduría (*hokhmah*), inteligencia (*tevounah*)[16],

---

[13] Levítico, 16:2.

[14] Éxodo, 34:30 y 34:35.

[15] Éxodo, 31:1.

[16] Palabra de la misma raíz que *binah* significando más o menos lo mismo. Raíz BYN = discernir.

y conocimiento (*da'at*)[17]. No me entretendré comentando extensamente estos diferentes atributos, observaré solamente que están en su acepción principal de los atributos divinos, y que solo lo están en la de los atributos humanos en la medida que el hombre ha sido creado a imagen y semejanza de Dios. Si Betsaléel es investido de ellos de manera eminente, es porque ha sido colmado del espíritu. No hay que extrañarse, pues, de que un antiguo documento masónico inglés[18] le dedique un largo comentario a Betsaléel y lo califique de 'santo' (*holy*).

Hay que destacar finalmente que todos los objetos que Betsaléel y Oholiab fabricaron lo fueron sobre modelos que Dios mostró a Moisés sobre el monte Sinaí[19]. Hay pues modelos celestes del Tabernáculo y del Templo, así como de todo cuanto ellos contienen. Esta idea la volvemos a encontrar en el pasaje del libro de Ezequiel en el que un ángel muestra al profeta el Templo a reconstruir, con todas sus partes y dimensiones[20]. También se encuentra en el Apocalipsis, donde San Juan tiene la visión de un Templo celeste y un arca de la alianza celeste: "*Y quedó abierto el*

---

[17] Raíz YD' = saber.

[18] El manuscrito Graham, fechado en 1726 pero cuyo contenido se remonta probablemente a la Masonería especulativa inglesa del siglo XVII, desgraciadamente poco conocida.

[19] Éxodo, 25:9 y 40; 26:30; 27:8; Números, 8:4.

[20] Ezequiel, 40:42.

Templo de Dios que hay en el cielo, y se mostró el arca de su Alianza en su Templo... [21].

III. El Templo y su historia

He hablado mucho del Tabernáculo antes de llegar al Templo, pero creo que es necesario, ya que, como he dicho, su simbolismo contiene una buena parte del simbolismo del Templo y las referencias bíblicas relacionadas son menos conocidas que las concernientes al Templo. Y finalmente, porque hablando del Tabernáculo os he hablado también del Templo.

No repetiré aquí lo que en el simbolismo del Templo reproduce lo que hemos encontrado ya en el Tabernáculo [22]. Me limitaré a volver a decir unas palabras sobre la estructura tripartita del edificio que, como ya he dicho, se presenta en el Templo de manera algo diferente a como es presentada en el Tabernáculo. El Templo estaba formado esencialmente por tres salas en hilera. La primera era el vestíbulo o porche (*ulam*), que hacía el papel de pórtico del Tabernáculo formando la separación entre el espacio profano y sagrado. Venía a continuación la gran sala donde

---

[21] Apocalipsis, 11:19.

[22] Los principales pasajes bíblicos concernientes al Templo son I Reyes, 6:8 y Crónicas 1:7.

se desarrollaba el culto (a excepción de los sacrificios que comportaban la emanación de sangre que se hacían sobre el altar de los holocaustos, situado en el exterior). Es en esta sala que estaban el altar de los perfumes, el candelabro de siete brazos y la mesa de los panes de ofrenda, como anteriormente lo habían estado en la parte correspondiente del Tabernáculo. El segundo libro de Crónicas la llama simplemente *"la gran sala"*; el primer libro de Reyes la denomina el *hékal*, palabra que puede designar un palacio y que expresa aquí el carácter majestuoso de esta sala. Viene finalmente la parte más santa que el II° libro de Crónicas llama *"la sala del Santo de los Santos"* siguiendo la terminología del libro de Éxodo y que el I° de Reyes llama el *debir*. Esta palabra viene de la raíz DBR, que quiere decir 'hablar', y designa el Santo de los Santos como el lugar donde Dios habla. Esto nos devuelve a la época de la revelación sinaítica, en que Moisés encuentra a Dios en el Santo de los Santos y donde Dios le habla.

Recordemos que la tripartición del Templo es mencionada en la instrucción por preguntas y respuestas del grado de Aprendiz:

> - ¿Cuántas partes hay en el Templo?
> - Tres, a saber: el Porche o Pórtico, el Templo y el Santuario.
> - ¿En qué parte habéis trabajado como Aprendiz?
> - En el Porche.

Notemos que nuestra instrucción llama 'Templo' no solamente al edificio por entero, sino también al Santo o *hékal*, y que llama 'Santuario' (por analogía con las iglesias cristianas) al Santo de los Santos o *debir*.

Esta tripartición es muy importante en el simbolismo del Templo en el Rito Escocés Rectificado.

Si el Templo es importante por el simbolismo de su estructura y por todos los objetos que contiene, lo es también por lo que nos ofrece su historia. Voy pues a recordar brevemente esta historia resaltando las principales articulaciones.

Durante todo el período de la conquista de Tierra Santa por los Israelitas, el Tabernáculo y el arca de la alianza habían acompañado los desplazamientos del pueblo. Este período se acaba cuando David conquista Jerusalén, acontecimiento que se sitúa hacia el año 1000 a. J. C. David había proyectado construir un Templo y había dispuesto los preparativos para ello, pero Dios se lo rechazó, porque había sido un rey guerrero y había derramado demasiada sangre. Dios declara que será Salomón, rey pacífico, como lo indica su nombre, en quien recaerá la tarea de construir el Templo[23].

No relataré aquí esta construcción, sólo diré que el Templo fue levantado sobre el monte Moriah, que había

---

[23] Iº Crónicas, 22.

sido el lugar de sacrificio de Abraham[24]. Este sacrificio, y las promesas hechas por Dios a Abraham en esa ocasión, prefiguraron la Alianza sinaítica (como prefiguraron para los cristianos la Nueva Alianza), y la construcción del Templo de Salomón, Templo de la Alianza sinaítica, se situaba en la continuidad de esta promesa.

Cuando la construcción del Templo fue terminada y el arca de la alianza allí depositada, la gloria de Dios tomó posesión de su Templo, como anteriormente lo había hecho del Tabernáculo[25]. El Templo se convirtió entonces en la residencia de la gloria de Dios, como dice el texto del Rito Escocés Rectificado al que anteriormente he hecho alusión. Residencia en lo sucesivo fijada en un lugar único que, como ya he dicho, devino para el pueblo el centro espiritual en que encontraba su unidad en presencia de su Dios. Residencia de la gloria, el Templo es también designado en la Biblia como residencia del Nombre. Después de haber tomado posesión, Dios se apareció a Salomón y le dijo: *"...He santificado esta Casa que has construido, asentando yo allí mi Nombre para siempre..."*[26]. El Nombre,

---

[24] IIº Crónicas, 1; Génesis, 22:2. Aunque el texto del Génesis no habla de un monte Moriah, sino de un "país de Moriah", una tradición muy antigua lo identifica.

[25] Iº Reyes, 8:10-12; IIº Crónicas, 5:11-14; cf. Éxodo, 40:34-35.

[26] Iº Reyes, 9:3. Las menciones de la 'residencia del Nombre' son muy numerosas, tanto en el libro de Reyes como en Crónicas.

como la gloria, es una de las formas de manifestación de Dios, manifestación sonora en tanto que la gloria es una manifestación luminosa. La trascendencia absoluta de Dios hace que el universo entero no pueda contenerla, como Salomón lo recuerda en la plegaria dedicatoria: "*He aquí que los cielos y los cielos de los cielos no pueden contenerte, ¡cuánto menos esta casa que he edificado!*"[27]. Pero puede estar presente en este mundo por sus formas de manifestación que son la gloria y el Nombre.

El período del primer Templo duró alrededor de cuatro siglos. Después del reino de Salomón, la unidad del pueblo de Israel fue rota por la secesión de las tribus del norte y la constitución de dos reinos, separados y a veces enemigos, el reino de Judá al sur, donde está Jerusalén, y el reino del norte que la Biblia llama reino de Israel porque reunía la mayor parte de las otras tribus. Jeroboam, el primer rey de este reino del norte, quiso tener su propio Templo. Lo estableció en Bethel y, vista la extensión de su territorio, hizo otro en Dan, más al norte. Rendía culto al Dios de Israel, pero de una manera que no era conforme a la Alianza, puesto que Dios estaba representado bajo la forma idolátrica de un becerro de oro[28]. Los sucesores de Jeroboam perseveraron en su infidelidad. El reino del

---

[27] I° Reyes, 8:27; II° Crónicas, 6:18.

[28] I° Reyes, 12:26-33.

norte cayó bajo los golpes de los asirios en el 721 a. J. C.,
y sus tribus fueron dispersadas[29]. El rey de Asiria trajo
por otra parte poblaciones extranjeras que, mezclándose
con los Israelitas no deportados, fueron el origen de los
Samaritanos.

El reino del sur no escapó tampoco a la infidelidad, y
aunque conoció intentos por volver a su origen, terminó
también por caer. Nabucodonosor, rey de Babilonia, se
apoderó de Jerusalén por primera vez en 598 a. J. C. Saqueó
el Templo y deportó a Babilonia una parte de la población,
pero no destruyó el Templo ni la ciudad. Dejó incluso en
Jerusalén un rey de la línea de David, Sedecías, pero lo
redujo a la condición de vasallo. Sedecías se rebeló contra
Nabucodonosor, y éste tomó Jerusalén por segunda vez en
el 587 a. J. C. Esta vez, destruyó la ciudad y el Templo, y
acabó deportando a la población, a excepción de la clase
más baja, que dejó allí para cultivar la tierra.

Entonces empezó para los judíos ese período de su
historia que tan fuertemente les ha marcado, el exilio
de Babilonia. Los exiliados conservaban piadosamente
la tradición de la alianza, pero sintiendo cruelmente la
imposibilidad de practicar el culto y la privación de este
centro espiritual que había representado el Templo. Es
durante este período que el profeta Ezequiel tuvo la visión

---

[29] El imperio asirio fue a su vez destruido en el 612 a. de C. por los
Babilonios y los Medas coligados contra él.

del Templo a reconstruir de la que he hablado, y tuvo también la visión de la gloria de Dios volviendo a tomar posesión del Templo reconstruido[30].

En el 539 a. J. C., el rey de Persia, Ciro, conquistó Babilonia. Para conciliarse con los pueblos conquistados, el rey practicó una política de tolerancia religiosa de la que los judíos se beneficiaron. Ciro los autorizó a volver a Jerusalén y reconstruir el Templo, restituyéndoles para ello el tesoro que había sido saqueado por Nabucodonosor. Esta reconstrucción, que es contada en el libro de Esdras, no fue fácil, ya que los judíos que volvieron a Jerusalén encontraron allí una fuerte oposición. Sin embargo, esta oposición fue llevada a buen término bajo la dirección de Zorobabel, un noble de la tribu de Judá que Ciro había establecido como jefe de los Judíos de Judea, y del gran sacerdote Josué, ayudados por la predicación de los profetas Ageo y Zacarías. El nuevo Templo fue terminado finalmente en el 515 a. J. C., y se pudo celebrar en él la Pascua[31].

El segundo Templo, sin duda modesto en su origen, vistas las circunstancias de su reconstrucción, fue grandemente embellecido por Herodes en la segunda mitad del primer siglo a. J. C. Es el Templo de Herodes, o quizá mejor sus atrios monumentales, que fueron el marco de un

---

[30] Ezequiel, 43.

[31] Esdras, 6:19-23.

cierto número de escenas de los Evangelios, en particular aquellas en que Jesús enseña en el Templo. Se sabe que fue destruido por Tito en el año 70 d. J. C. a resultas de la revuelta de los judíos contra la dominación romana.

IV. APERTURA SOBRE EL NUEVO TESTAMENTO

No trataré en detalle el Templo en el Nuevo Testamento, ya que pienso que otros trabajos en este ciclo de estudios hablarán ampliamente de este tema. Me limitaré a decir esto: en el Nuevo Testamento el Templo es un edificio que todavía está en pie, y los primeros cristianos están vinculados a él, los apóstoles van allí a efectuar sus plegarias[32]. En este estado de cosas, Jesús anuncia su próxima destrucción[33]. Anunciando esto, Jesús no predica solamente un acontecimiento histórico exterior. Anuncia una transformación en la noción misma del Templo. Cuando dice: *"Destruid este Templo, y en tres días lo levantaré"*[34], aquellos que lo oyen se mofan de él y no comprenden que habla del Templo de su cuerpo. Jesús sustituye el Templo de piedra por ese

---

[32] Cf. Ac, 3:1: *"Pedro y Juan subían al Templo a la hora de la oración, la hora nona"*.

[33] Mt 24:1-3; Mc, 13:1-4; Lc, 21:5-7: *"llegarán días en que no quede piedra sobre piedra que no sea derribada"*.

[34] Jn, 2:19-21.

Templo que es el cuerpo del hombre, que es un Templo del espíritu, del que el Templo de piedra solo será en lo sucesivo un símbolo.

En el Evangelio de San Juan, el episodio de la Samaritana sucede al pie del monte Garizim, cerca de Samaria, en la cima del cual los Samaritanos habían tenido tiempo atrás un Templo, contraviniendo así la prescripción de la unidad de culto e instituyendo un cisma. La Samaritana dice a Jesús: "*Nuestros padres hicieron la adoración en este monte; y vosotros [los judíos] decís que está en Jerusalén el lugar donde se debe adorar*". Jesús le responde: "*Créeme, mujer, que vendrá un tiempo en que ni en este monte ni en Jerusalén adorareis al Padre. Vosotros adoráis lo que no conocéis, nosotros adoramos lo que conocemos, porque la salvación viene de los judíos. Pero viene un tiempo, y es ya la hora, en que los verdaderos adoradores adorarán al Padre en espíritu y en verdad; y, en efecto, el Padre busca tales adoradores de él. Dios es espíritu, y sus adoradores deben adorarle en espíritu y en verdad*" [35].

Es de destacar que Jesús no condena el exclusivismo del Templo de Jerusalén, no lo denuncia como un error que hubiera que rechazar: "*Vosotros adoráis lo que no conocéis, nosotros adoramos lo que conocemos, porque la salvación viene de los judíos*". Sino que lo relativiza y trasciende,

---

[35] Jn, 4:20-24.

como relacionándolo con una etapa de la historia de la salvación en la que los hombres no eran lo bastante avanzados espiritualmente como para superar la fijación de la presencia divina en el espacio, en un lugar material en el que pudieran decirse: "Dios está ahí". Jesús anuncia un tiempo en el que los hombres, convertidos en capaces de adorar "*en espíritu y en verdad*", no tendrán necesidad de esto. Entonces Dios estará de nuevo en todas partes como en los primeros años del mundo, no ya como esa fuerza exterior de cuya presencia Jacob tomaba conciencia con terror, sino como presencia interior en estos Templos del espíritu que son los hombres liberados del pecado y viviendo en la vida de Dios.

ANALOGÍA Y METAHISTORIA
ACERCA DEL TEMPLO
Gilles Ducret

Como continuación al trabajo de nuestro bien amado hermano Edmond Mazet sobre el templo en la Biblia y como preludio a los trabajos por venir sobre el tema central del Templo, me voy a situar hoy en la encrucijada, en la coyuntura de estos trabajos, procurando no invadir su ámbito de actuación, simplemente para sugerir algunos elementos de orden metodológico.

Mis reflexiones han encontrado su inspiración en las cuatro fuentes esenciales de las que voy de inmediato a recomendaros su atenta lectura.

> ➤ Un artículo de Antoine Faivre titulado: "El templo de Salomón en la teosofía masónica en el siglo XVIII", extracto de *Acceso del esoterismo occidental*.

➢ La obra de Jean Danielou: "El signo del templo".

➢ Un texto escrito anónimo titulado "Meditaciones sobre los 22 arcanos mayores del tarot".

➢ Los textos de Jean-Baptiste Willermoz publicados por Antoine Faivre.

Cuando se pregunta al Aprendiz: *"¿Qué representa la Logia?", *éste responde: *"El templo de Salomón reconstruido místicamente por los francmasones".*

Cuando se le pregunta: *"¿Porqué el templo de Salomón sirve de emblema a los francmasones?",* éste responde: *"Para recordarles que deben construir en su corazón un templo a la virtud y tratar de hacerlo tan perfecto como el que fue levantado por Salomón a la gloria del Gran Arquitecto del Universo".*

Podemos ver que ya hay, a través de estas dos respuestas, una doble transposición: de la logia al templo de Salomón, del templo de Salomón al masón mismo.

Jean-Baptiste Willermoz habría hablado de "figuras".

Así: "el templo judío, el cuerpo del hombre, el universo mismo, he ahí diversos templos que se figuran los unos a los otros. El cuerpo humano es el primer templo en el orden de nuestra percepción. El cuerpo humano "figura" la logia masónica. Es preciso considerarlo como una logia o un templo que es la repetición del templo general, particular y universal".

Willermoz afirma: "*el cuerpo del hombre y el templo de Salomón son la repetición de la creación y la imagen del gran templo universal*".

Si la forma primitiva del hombre, como dice Willermoz, "*cambia de naturaleza después de la caída, en contrapartida, la figura aparente de esta forma no cambia en absoluto puesto que esta debía ser una imagen viva del templo universal. Ahora bien, esta forma es el templo personal del hombre llamado Logia por los masones. Así, el cuerpo del hombre es la verdadera Logia del masón. Igualmente, el santuario del templo de Salomón fue la Logia invisible del Espíritu divino que vino a habitarlo*".

Pero la logia significa también, en masonería, el lugar donde se reúnen los Hermanos, ya que este lugar, añade Willermoz, "*representa el templo universal, es decir el universo creado*".

La analogía entre el hombre y el templo llega incluso hasta las diversas partes del templo, puesto que Willermoz nos advierte: "*No olvidéis que el error del hombre primitivo lo precipitó del Santuario al Pórtico, y que el único objeto de la Iniciación es el de hacerlo volver del Pórtico al Santuario*".

Hay pues, en el fundamento mismo de nuestra acción de realización espiritual, una pedagogía propia a nuestro rito y que reposa sobre el método de la analogía.

La fórmula tradicional enunciando el método de la analogía es bien conocida. Es el primer versículo de la Tabla de

Esmeralda de Hermes Trismegistro: "*Lo que está arriba es como lo de abajo, y lo que está abajo es como lo de arriba, para cumplir el milagro de la unidad*".

La fórmula de la analogía, aplicada al tiempo, sería: "*Lo que ha sido es como lo que será, y lo que será es como lo que ya ha sido, para cumplir el milagro de la eternidad*".

La fórmula de la analogía, aplicada al espacio, es la base del simbolismo tipológico, es decir, de los símbolos que expresan las correspondencias entre los prototipos de arriba y sus manifestaciones de abajo.

Es sabido que el término "*arquetipo*" aparece a menudo en el vocabulario de Jean-Baptiste Willermoz.

Según la Instrucción moral del Aprendiz: "*El tapiz que veis ante vos representa el templo famoso que fue elevado en Jerusalén por el rey Salomón a la gloria del Gran Arquitecto del Universo. Es el arquetipo fundamental de la francmasonería y el objeto continuado de las profundas meditaciones de los masones*".

La fórmula de la analogía aplicada al tiempo es la base del simbolismo mitológico, es decir, de los símbolos que expresan las correspondencias entre los arquetipos en el pasado y su manifestación en el presente.

El mito expresa, bajo la forma de un relato particular, una idea eterna, intuitivamente reconocida por aquel que la revive en la acción. Así pues, todas las conclusiones de alcance espiritual están fundamentadas sobre la analogía del hombre, de la naturaleza y del mundo divino.

Citando la Regla Masónica (Art. VII°, V): "*De entre todas las ciencias que presenten los resultados más brillantes en la industria y en el progreso de la sociedad, observa aquella que te enseñe las relaciones entre Dios, el universo y tú, ya que colmará los deseos de tu alma celeste, y te enseñará a cumplir mejor con tus deberes*".

Ahora bien, la ley de la analogía es la expresión misma, en modo experimental, de la unidad.

El mundo es un organismo, un cuerpo en el que todas sus partes están gobernadas por el mismo principio, revelando y dejándose reducir a él. El parentesco de todas las cosas y de todos los seres es la condición *sine qua non* de su posibilidad de ser conocidas.

Podemos pues proclamar que la francmasonería es, por esencia, una sociedad analógica, en el sentido de que ella está fundamentada sobre la unidad, en la época en que los profanos proclaman la llegada de la sociedad numérica, es decir, la basada en el binario.

Encontraremos este método de la analogía en el corazón del Evangelio, a través de las parábolas. Este método permite, por un procedimiento de transposición, percibir y realizar una verdadera transformación.

Recordemos el encuentro de Jesús y Nicodemo. Jesús le dice: "*A menos de nacer de arriba, nadie puede ver el reino de Dios*". Nicodemo pregunta: "*¿Cómo puede ser eso?*" Jesús responde: "*Tú eres el maestro de Israel, ¿y no sabes* *estas cosas? En verdad, en verdad te digo que hablamos lo que sabemos, y atestiguamos lo que hemos visto y que no aceptáis nuestro testimonio. Si habiéndoos dicho las cosas de la tierra, no creéis, ¿cómo vais a creer cuando os diga las del cielo?"* (Jn, 3:9-13).

Por contra, cuando Jesús encuentra a Natanael, le dice: "¿Por *haberte dicho que te vi debajo de la higuera, crees? Has de ver cosas mayores".* Y añade: *"En verdad, en verdad os digo, veréis el cielo abierto y a los ángeles de Dios subir y bajar sobre el Hijo del hombre"* (Jn, 1:50-51). Natanael le sigue porque ve.

Y cuando encuentra a la Samaritana, Jesús la invita también a una transformación, expresada por esta transposición: *"Créeme, mujer, que vendrá un tiempo en que ni en este monte ni en Jerusalén adoraréis al Padre. Pero llega la hora, ya estamos en ella, en que los verdaderos adoradores adorarán al Padre en espíritu y verdad"* (Jn 4:21-24). Y la Samaritana lo sigue.

Sin embargo, la práctica real, experimental de la analogía, también dicha de la unidad, no se lleva a cabo sin una cierta resistencia, incluso podríamos decir de una cierta hostilidad.

Para empezar, hace falta un cierto valor para aceptar nuestra propia transformación, fundamentada en una transposición, transposición de lo mental al sentimiento del corazón, es decir, cambio de plano de consciencia.

Ya que, a partir de que Natanael o la Samaritana ven con su corazón, con su fe, los títulos de Nicodemo no les son de ninguna ayuda.

En efecto, hay que ser <u>uno</u> en sí mismo, y <u>uno</u> en el mundo espiritual para que una experiencia espiritual realizadora pueda tener lugar.

De esta resistencia, incluso de esta hostilidad, podríamos citar algunos ejemplos:

> ➢ Es la hostilidad de los judíos hacia Cristo la que manifiesta la resistencia del orden antiguo (el de la ley) hacia el orden nuevo (el de la gracia).
>
> ➢ Es por haber afirmado su relación con el templo (*"destruid este templo y yo lo reconstruiré en tres días"*) que Cristo fue condenado a muerte.
>
> ➢ Como lo recuerda Jean Danielou: *"el signo del templo es el signo de la contradicción anunciada por Simeón el día de la presentación al templo"*.
>
> ➢ Es la resistencia de nuestro cuerpo de carne, de vida material, a la que Cristo opone sus temibles palabras: *"Aquel que quiera salvar su vida la perderá, y aquel que la pierda la encontrará"*.
>
> ➢ Es el origen de todas las desviaciones o vías substitutorias en la masonería y, desde luego, de la hostilidad de un cierto tipo de masones, estigmatizados por Willermoz en la introducción

del Código rectificado, hostilidad que nos toca
sufrir aun actualmente.

➢ Es la incapacidad por separarse irrevocablemente del mundo, sin posibilidad de retorno,
y a comprometerse no menos irrevocablemente
en la vía de la realización espiritual.

Ahora bien, nuestros textos son perfectamente claros
al respecto:

Instrucción moral de Aprendiz:

"Confundido hasta hace un momento entre la mu-
chedumbre de mortales que vegetan sobre la superficie
de la tierra, acabáis de ser separado de ella".

"Destinado a entrar en este templo (el templo de la verdad)... vuestro juramento os liga irrevocablemente a todo
lo que habéis prometido a Dios y a vuestros Hermanos".

"...Hemos exigido vuestro consentimiento para
sellar con vuestra propia sangre vuestro compromiso".

Este compromiso se realiza pues a imagen de todas las
alianzas entre Dios y los hombres.

Así mismo, la instrucción moral recuerda al Aprendiz:

"Habéis sido recibido francmasón por tres golpes
de mallete sobre el compás cuya punta estaba colocada
sobre vuestro corazón".

El masón ha sido recibido pues por el corazón y esto es ciertamente fundamental para el paso que acaba de dar. Así mismo, cuando entra por primera vez en Logia, el segundo Vigilante le ha puesto la punta de la espada apoyada sobre su corazón.

La misma instrucción moral nos remite, precisamente, con ocasión de la recepción del Aprendiz, a una analogía fundamental: "*Los tres golpes sobre vuestro corazón os indican la unión, casi inconcebible, que hay en vos del espíritu, el alma y el cuerpo, que es el gran misterio del hombre y del Masón, figurado por el templo de Salomón*".

Estos tres golpes hacen eco a la batería de Aprendiz, esta batería que es descrita diferentemente según las instrucciones:

➤ En la instrucción por preguntas y respuestas:

¿Qué significan los tres golpes?:
Los dos primeros significan la actividad del francmasón para ponerse a trabajar y el tercero indica la atención que le es necesaria para conducirse correctamente.

➤ En la instrucción moral:

Esta comienza por identificar al Aprendiz con la piedra bruta:

"Esta piedra bruta es el emblema del Aprendiz Masón que, saliendo del tumulto de las sociedades profanas, comienza a conocerse, a sentir su ignorancia, y reconoce la urgente necesidad de trabajar seriamente en mejorar todo su ser. La batería de tres golpes desiguales por la que habéis comenzado este trabajo os indica los medios de hacerlo con resultado. Los dos primeros golpes precipitados indican la Ley de la naturaleza que fue dada al hombre para dirigirle en el primer tiempo del mundo y la Ley escrita que le fue dada a Moisés sobre el monte Sinaí para el segundo tiempo. Pero el último golpe separado os indica la perfección de la Ley de gracia para el tercero, y la fuerza que resulta para el cristiano de la agrupación de las tres y del cumplimiento de las dos primeras".

Es aquí que la historia personal del masón deviene metahistoria, es decir, que a la vez transporta al masón más allá de sí mismo, inscribiendo su propia historia en la historia de las alianzas sucesivas de Dios con la humanidad.

Así pues, no hay, en el plano individual, una historia banal. Cada uno, en su lugar, es invitado a realizar plenamente la vocación de la humanidad, llamada desde el mismo origen por Dios a su reintegración, hijo pródigo llamado por su padre, desde la salida, a volver a ocupar su sitio, plena y enteramente, sitio guardado desde toda la eternidad.

Aunque uno sea grande o pequeño a los ojos de los hombres, bajo la luz de los proyectores o en la sombra silenciosa del Carmelo, cada uno, en su lugar, es invitado a ir más allá de sí mismo.

La Regla Masónica no dice otra cosa:

> *"¡Oh hombre, rey del mundo! obra maestra de la creación... medita tu sublime destino".*

Ya que es claramente del cumplimiento de lo que se trata. No se trata de trabajar en ruptura, en la discontinuidad, haciendo tabla rasa del pasado, para "cambiar el futuro" o "devenir un hombre nuevo", se trata de inscribirse, al contrario, en la continuidad de una metahistoria, de una historia vislumbrada siempre más allá de nosotros mismos.

Cristo nos da el ejemplo: *"No penséis que vine para abolir la Ley ni los Profetas; no vine para desatar, sino para cumplir".*

Desde entonces, en el plano práctico, tenemos literalmente vocación de elementos comunicadores, no debemos cesar de hacer esfuerzos para llevarlo todo a la unidad, empezando por nosotros mismos.

> "Sed uno como el Padre y yo somos uno".

Igualmente:

> "Lo que habéis hecho a uno de estos pequeños, a mí me lo habéis hecho". "Todo lo que queráis que los

hombres os hagan hacédselo vosotros a ellos; así dicen la ley y los profetas".

Nuestra capacidad de realización espiritual no depende pues de las proezas que podamos cumplir, sino simplemente de la capacidad por alcanzar la unidad fundamental que reúne al menor de nuestros pensamientos, palabras, acciones, incluso los latidos de nuestro corazón, al Amor infinito de Dios por la humanidad.

Ya que el fundamento de esta unidad es el Amor: *"De tal manera, en efecto, amó Dios al mundo que entregó a su Hijo Unigénito..."* (Juan 3:16).

Ya que más allá de nosotros mismos y, al mismo tiempo, en lo más profundo de nosotros mismos, existe la presencia de Dios.

Como lo señala Jean DANIELOU:

> "La progresiva vuelta a sí mismo, que consiste en pasar progresivamente del Porche al Santo y del Santo al Santo de los Santos, es el movimiento mismo de la vida espiritual".

Ahora bien, este movimiento del exterior al interior es a la vez una entrada y una salida.

> "Entrada, ya que nos retira del mundo para encontrarnos a nosotros mismos, pero también salida ya que

más allá de nosotros mismos, pero en el plano interior,
nos falta encontrar a Dios que es más íntimo que nosotros
mismos, en mí, más yo que yo mismo".

Encontramos aquí los mismos términos que puede leer
el candidato en la cámara de reflexión: "*Absolutamente
separado de los otros hombres, penetra aquí en ti mismo, y
mira si hay un ser que esté más cerca de ti que aquel al que
le debes la existencia y la vida*".

Nuestra capacidad de realización espiritual es pues,
primeramente y antes que todo, a imagen del Gran Arquitecto del Universo que ha querido siempre y operado
para la felicidad del hombre y de todas sus criaturas, una
capacidad de amor, en esta conciencia de parentesco fundamental de todas las cosas y de todos los seres.

Esta capacidad de amor es la respuesta de nuestro deseo
de Dios al Amor de Dios. "*Si alguno me ama, guardará
mi palabra y mi Padre lo amará, y nosotros iremos a él, y
haremos en él nuestra morada*".

En fin, la plegaria de apertura no nos dejará olvidar que, en este paso espiritual, todos nosotros somos
miembros los unos de los otros en tanto que comunidad
espiritual.

Como lo señala San Juan:

"Sabemos que hemos pasado de la muerte a la vida
porque amamos a nuestros hermanos".

Podamos nosotros, en nuestra práctica colectiva, ser a imagen de los Caballeros Bienhechores tan bien descritos por Jean de Turkheim:

> "Los nuevos votos de los Caballeros Bienhechores están escritos en el cielo, ellos quieren traer a la tierra la imagen de la Ciudad Santa a la cual las esperanzas del Sabio y las certezas del cristiano tienden por igual. Ellos son pues los defensores de la santa religión de Cristo".

Puesto que tenemos el privilegio de estar invitados a entrar en las vías que nos son abiertas, seamos también nosotros mismos, individual y colectivamente, una vía abierta hacia el cielo, tendida hacia la Ciudad Santa, para los otros hombres.

EL TEMPLO EN LA TRADICIÓN CRISTIANA
Jean-François Var

Lo que sigue no es el enunciado de una serie de opiniones personales; es la exposición de lo que transmite la Tradición cristiana, es decir, lo que a partir de las Santas Escrituras enseñan los Padres de la Iglesia.

Según la Tradición, el Templo se inscribe en una perspectiva universal que engloba la totalidad de los tiempos y lugares de la Creación, desde el "Paraíso terrenal" hasta la "Jerusalén celeste", desde los "primeros cielos" y la "primera tierra" hasta los "cielos nuevos" y la "tierra nueva", desde el mundo de los orígenes hasta el mundo del "siglo por venir".

¿Y qué es el Templo de Dios? En primer lugar, es la Morada donde reside su Presencia (pero de modo efectivo y no simbólicamente), y en segundo lugar donde se le rinde verdadero culto; culto de alabanza y acción de gracias en el que el único motivo es el amor (y no por ejemplo el terror).

En el Paraíso, no había templo. En efecto, en el mundo paradisíaco, el cosmos original era por entero Templo de Dios. Dios tenía su residencia en todos los elementos del universo creado, y éstos, fueran animados o inanimados, le rendían un culto permanente, un "sacrificio de alabanza". De este culto, el Hombre era su sacerdote. Ya que Dios había establecido al Hombre rey, sacerdote y profeta de ese mundo. Rey para gobernarlo en justicia, sacerdote para presidirlo en el amor a la liturgia universal, profeta para discernir y cumplir el designio divino acabando la creación. La Tradición enseña que la creación estaba inacabada y que Dios había reservado al Hombre, su cooperador, su "co-creador", la labor de llevarla a término.

El repudio por parte del hombre del designio divino, que nombramos como la "caída", ha tenido consecuencias cósmicas. El Hombre, culpable deliberado, ha arrastrado en su caída al universo, víctima inocente.

Debido a ello, se produjeron una serie de rupturas. Ruptura entre Dios y el Hombre, figurada por la expulsión de Adán del Paraíso; ruptura entre el Hombre y el universo creado; rupturas en el seno de este mismo universo producidas todas ellas como consecuencia de la primera. La dualidad y el antagonismo se extienden por todas partes y reemplazan a la amistad y la paz primitivas.

La distinción que se opera entonces entre lo "sagrado" y lo "profano" es la manifestación concreta del divorcio consumado entre Dios y la Creación, entre "el cielo" y "la tierra". El mundo creado se convierte en profano, o mejor aún es profanado.

Y por tanto, este universo sigue siendo Templo de la Presencia de Dios, Presencia convertida en velada e impalpable, pero sin embargo activa. (En efecto, si Dios se hubiera retirado, ausentado del mundo, éste hubiera vuelto a la nada). Y en este Templo que es la Naturaleza, la "liturgia cósmica" continúa celebrándose.

Dios está igualmente presente y activo en este otro Templo que es la Historia.

Y, tanto en la Naturaleza como en la Historia, Dios multiplica los "signos" de su Presencia, "marcas distintivas" que se denominan en griego semeia y en latín miracula o mirabilia. Jacob Boehme hablará más tarde de la *signatura rerum*.

Pero el Hombre, en su ceguera, se confunde y no discierne detrás de los signos a su Autor. Antes, al contrario, diviniza estos signos y solo es capaz de ver tantos dioses como signos, a los que rinde culto idolátrico; de ahí el politeísmo.

De ahí también la "elección de Israel". Dios se escoge (es el sentido de la palabra elegir) un pueblo, uno de los menos "notables" de entre ellos, precisamente para evitar toda nueva confusión.

A este "pueblo elegido", Dios le confía una doble misión:

- Proclamar, ante este mundo de los mil dioses, al Dios Uno, que es también el Dios Vivo y el Dios de amor y misericordia;
- hacer ostensible y tangible la Presencia de Dios entre los hombres de este bajo mundo, y no solamente en el más allá. Tal será la función del Templo, Morada de Dios.

Es preciso tener en cuenta —esto importa por lo que sigue— que la Morada de Dios acompaña al pueblo de Dios, le es indisociable. Es nómada con este pueblo en el desierto después de la salida de Egipto: es el Tabernáculo (o Tienda). Se convierte luego en sedentaria con este mismo pueblo después de su instalación en la Tierra prometida: es el Templo de Jerusalén.

Pero la Morada no es más que la materialización de la Presencia de Dios en medio de su pueblo, materialización provisional y condenada a la destrucción.

Dios no está ligado a un lugar, por privilegiado que este sea. Es a su pueblo al que le es "fiel", es en mitad de su pueblo que ha establecido su residencia, para siempre.

La etapa siguiente en el mundo de la habitación de Dios entre los hombres es la Encarnación del Verbo. Dios se hace Hombre. Entonces la Divinidad y la humanidad no hacen más que encontrarse, se unen, se desposan. En lo sucesivo, Dios ya no reside solamente con el hombre, a partir de ese momento Dios reside en el hombre.

El Templo de piedras, el de Jerusalén, no tiene como consecuencia razón de existir, está caducado. Es reemplazado, en su función de Morada material de la Presencia divina, por otro Templo: el cuerpo humano de Jesús el Cristo, en el cual reside el Verbo divino, Hijo de Dios Vivo. Ya que la Encarnación del Verbo no ha marcado solamente un progreso en la reconciliación, sino que ha marcado también un progreso en la Revelación, a partir de ahí el Dios Uno se ha revelado Trino, se ha revelado Tri-Único.

La Morada material es, por naturaleza y por destino, condenada a la destrucción. La destrucción del Templo de Jerusalén ha sido y será definitiva y, conforme a la predicción de Jesús, no ha quedado piedra sobre piedra (ver por ejemplo Mateo 24:2).

Por el contrario, la destrucción del cuerpo de Cristo no lo ha sido. Él mismo lo había igualmente anunciado: *"Destruid este Templo, y en tres días lo levantaré (...) pero él hablaba del templo de su cuerpo. Y así, cuando resucitó de entre los muertos, recordaron sus discípulos que decía esto"* (Juan 2:19-22).

A la muerte de Cristo sucede su resurrección en gloria —"por su muerte, él ha vencido a la muerte"— y por ello se vuelve a abrir la "puerta de la vida eterna", la puerta del cielo. Por su ascensión al cielo, Jesucristo, Hijo del

Hombre e Hijo de Dios, ocupará un lugar "a la derecha del Padre" —el lugar de honor—no solamente en su divinidad, sino en su humanidad, <u>nuestra</u> humanidad, que comparte con nosotros y que lleva y establece en la Gloria divina.

El nacimiento, la vida, la muerte, la resurrección y la ascensión de Jesucristo - Rey, Sacerdote y Profeta en tanto que "nuevo Adán" -, tiene consecuencias cósmicas y universales inversas a las de la caída del viejo Adán.

En adelante, Dios participa de la humanidad y el hombre participa de la Divinidad, lo que permite decir: <u>Dios habita en el hombre</u> y <u>el hombre habita en Dios</u>. Este doble movimiento de cohabitación recíproca se opera por medio de los "misterios" por excelencia: el bautismo, la confirmación y la eucaristía, que son los tres grados de la iniciación cristiana:

- Por el bautismo, el hombre realiza su Pascua personal, por el bautismo participa en plenitud de la muerte y resurrección de Cristo;
- por la confirmación, realiza su Pentecostés personal, desciende en plenitud sobre él y en él el Espíritu Santo de Dios;
- por la eucaristía, la "comunión" en el Cuerpo y la Sangre de Cristo, se une en plenitud a la humanidad de Cristo y, por su humanidad, a su divinidad.

Simultáneamente y recíprocamente, el Cristo vive y habita en mí (*"y vivo, pero ya no yo, sino que vive Cristo en mí"*, dirá San Pablo en una fórmula justamente célebre, Gálatas 2:20), y yo vivo y habito en Cristo. Mi vida en Cristo: tal es el título común en la obra justamente reputada de Nicolás Cabasilas y en la autobiografía espiritual de San Juan de Cronstadt, en tanto que la de P. Sophrony se titula "Su vida es la mía".

Así pues, el Templo de Dios es el hombre: *"¿No sabéis que sois Templo de Dios, y que el Espíritu de Dios habita en vosotros?"* (I Corintios, 3:16). Y recíprocamente, podemos decir que el Templo del hombre, es Dios, ya que la verdadera morada y la verdadera vida del hombre están en Dios.

He ahí una verdad que no es conceptual, sino experimental y concreta. Y esta verdad es verdadera de dos maneras: al nivel de la persona y al nivel de la comunidad.

Todo hombre que se hace de Cristo por medio de los sacramentos deviene personalmente miembro del Cuerpo de Cristo. Pero ningún miembro de un cuerpo es independiente de los otros miembros: *"así nosotros, siendo muchos, somos un solo cuerpo con Cristo, y cada uno es miembro de los demás"* (Romanos 12:5 - Cf. también I Corintios 12:12-27).

Todos estos miembros son reunidos y juntados en un solo Cuerpo cuya cabeza es el Cristo (Efesios 1:22, etc.). Ahora bien, asamblea se dice en latín *ecclesia*, de donde proviene "iglesia".

La Iglesia de Cristo no es una institución, una estructura. Es un organismo viviente, y este organismo es "teándrico", es decir, divino-humano, común a Dios y a los hombres. La Iglesia es el "Cuerpo místico" de Cristo —significando la palabra místico "realizado por los misterios"—. Ella es la unión a Cristo, por el Cristo y en el Cristo, de los hombres reunidos por la fe y por el amor mutuo - la caridad, prendas una y otra de la Presencia de Dios -. San Juan, el discípulo bien amado, lo afirma: *"El que confesare que Jesús es el Hijo de Dios, Dios permanece en él, y él en Dios"* (I Juan 4:15), y: *"Si nos amamos unos a otros, Dios permanece en nosotros"* (ibid. 4:12).

Ahora bien, está escrito que *"Porque en éste (en Cristo) habita <u>corporalmente</u> toda la plenitud de la Divinidad"* (Colosenses 2:9). Es decir, que las Tres Personas de la Divina Trinidad establecen su morada en todos y en cada uno de los miembros del Cuerpo de Cristo.

Hay pues perfecta equivalencia entre las nociones de "Cuerpo de Cristo", "Iglesia" y "Templo de Dios". A lo que hay que añadir una cuarta noción, ya reencontrada, la de "pueblo de Dios". *"Nosotros, en efecto, somos el templo de Dios vivo, según dijo Dios: Habitaré en ellos, y entre ellos me pasearé, y seré su Dios y ellos serán <u>mi pueblo</u>"* (II Corintios, 6:16).

He ahí por qué la Iglesia es la "Nueva Israel".

Detengámonos algunos instantes sobre esta cuestión delicada que ha sido oscurecida sin motivo. ¿Ha habido sustitución de la nueva por la vieja Israel?, ¿ha habido "captación de herencia"?

Seguramente no, aunque muchos cristianos, algunos de ellos eminentes, lo hayan pensado y escrito, y que muchos aún continúan pensándolo, si acaso no se atreven a escribirlo. Parecido sentimiento es absolutamente desmentido por las Escrituras, que afirman a porfía que Dios no vuelve a tomar lo que ha dado; en último lugar el apóstol Pablo, a quien no se le puede negar una ciencia certera tanto en materia de judaísmo como en materia de cristianismo, afirma: *"Irrevocables, en efecto, son los dones y el llamamiento de Dios"* (Romanos, 11:29). Igualmente escribe categóricamente: *"...¿acaso rechazó Dios a su pueblo? De ningún modo"* (ibid. 11:1). Hay que leer todo el capítulo 11 de la epístola a los Romanos, a fin de seguir la prodigiosa dialéctica de salvación que Pablo despliega, especialmente con la metáfora del olivo salvaje injertado en el olivo verdadero...

Para resumir, la nueva Israel ha salido de la vieja Israel; y si la vieja Israel, en parte y por un tiempo, ha rechazado a la nueva Israel y se ha apartado de ella, es, según los deseos de la Providencia, para permitir a ésta extenderse y englobar a todos aquellos que no eran de Israel según la carne —lo que por otra parte los profetas habían anunciado—. Pero *"al final de los tiempos"*, es decir, a su *"cumplimiento"*, la vieja y la nueva Israel se reunirán y formarán un solo y único "pueblo elegido". La elección divina ya no será más restrictiva, sino, conforme al amor divino que no tiene límites, se prodigará a la totalidad de la raza humana.

La humanidad, estando por entero unida en el primer Adán, "amigo de Dios" y Padre de los hombres, será por entero reunida en el nuevo Adán, Hijo del Hombre e Hijo de Dios. La humanidad será por entero el pueblo de Dios. Consecuencia lógica del hecho que Cristo ha asumido nuestra humanidad en su totalidad y no parcialmente, y así ha anunciado: *"Yo, si fuese levantado de la tierra, a todos los arrastraré hacia mí mismo"* (Juan, 12:32).

Tal es el sentido de la fórmula tan célebre y controvertida: "fuera de la Iglesia, no hay salvación". Esta significa —y no significa otra cosa— que todos los hombres tienen vocación, son llamados a ser reunidos alrededor de Jesucristo y salvados por él. Jesús, cuyo nombre quiere decir "Dios salva", y a propósito de lo que el apóstol Pedro "colmado del Espíritu Santo" ha proclamado: *"Y no hay en otro ninguno salvación; porque tampoco hay otro nombre bajo el cielo dado a los hombres, en que nosotros debamos ser salvos"* (Hechos, 4:12).

Sin embargo, habrá entre la humanidad nueva y la humanidad primera una diferencia capital: la misma que existe entre el primer y el nuevo Adán.

Adán solo poseía en propiedad su humanidad. En Jesús, la humanidad y la divinidad están unidas, sin confusión ni separación. Así los hombres juntos y reunidos en Jesucristo se convertirán en *"partícipes de la naturaleza divina"* (II Pedro 1:3), serán <u>deificados</u>. El hombre *"se convertirá por la gracia en lo que Dios es por naturaleza"*, se <u>convertirá en Dios</u>. Así se encontrará cumplido el designio divino: *"Dios se ha hecho hombre para que el hombre se haga Dios"*

Pero esto no es todo. La Creación misma, que el hombre había arrastrado en su caída, será también liberada a su vez, porque *"el ansia de la criatura está a la espera de la revelación de los hijos de Dios"* (Romanos 8:19); *"porque la Ley del espíritu de la vida en Cristo Jesús me libertó de la ley del pecado y de la muerte"* (ibid. 8:2).

Entonces se realizará *"dándonos a conocer el misterio de su voluntad según su agrado, por el que se propuso en él, para la ordenación de la plenitud de los tiempos, <u>instaurar todas las cosas en Cristo</u>, las de sobre los cielos y las de sobre la tierra"* (Efesios 1:9-10). La totalidad de la humanidad, la totalidad del cosmos, todo por entero reunido en el Cristo total, <u>totus Christus</u>, como dice San Agustín.

Entonces llegará el tiempo del "nuevo cielo" y la "nueva tierra", la manifestación de *"la Ciudad Santa, Jerusalén, que bajaba del cielo desde Dios"*, brillante de la Gloria de Dios (Apocalipsis 21:10).

Esta Ciudad, el vidente de Patmos, que recibió la "revelación" (lo que se dice "Apocalipsis") la describe así: *"Y no vi Templo en ella porque <u>el Señor Dios Todopoderoso es</u>*

su Templo, y también el Cordero (...) *la gloria de Dios le dio luz, y su lámpara es el Cordero"* (ibid. 21:22-23).

Un poco antes oyó una "voz fuerte" que le decía: *"He ahí el Tabernáculo de Dios entre los hombres, y habitará con ellos, y ellos serán su pueblo, y el mismo Dios estará con ellos"* (ibid. 21:3).

Así, en este cielo y en esta tierra renovados y reunidos, Dios no es más que uno con su Templo y el hombre reside con él: <u>el hombre reside en Dios, ya que el hombre se ha convertido en Dios</u>.

Tal es la fulgurante realidad final que las liturgias celebradas en las iglesias cristianas tienen por función <u>anticipar</u>, no ya figurativamente sino activamente y, anticipándola, <u>apresurar la venida</u>. *"El tiempo viene, y ya ha venido..."*.

<u>Maranatha</u>: ¡Ven, Señor Jesús, ven!

8 de octubre de 1998

DEL TABERNÁCULO A LA CONSTRUCCIÓN
DEL TEMPLO DE JERUSALÉN
Louis-Claude de Saint Martin[1]
(1743-1803)

[…] Contemplemos aquí el Arca de la Alianza, depósito de todas las *ordenanzas* que el pueblo debía observar para mantenerse fuerte contra sus *enemigos*. Comparemos este Tabernáculo y las ceremonias que eran ordenadas practicar en él con las *primeras ocupaciones* del hombre; vemos que ofrecen únicamente la descripción de aquellos antiguos símbolos que la sabiduría debía mostrar nuevamente al hombre, para no ser acusada jamás de faltar al convenio que hizo con él al formarle.

Así, al Agente elegido para esta obra le fue recomendado conformarse al plan que le fue mostrado al respecto en la montaña, para que [a través de] la copia visible, siendo similar al modelo que ya no veía, el hombre pueda

---

[1] Extracto del Capítulo XV de su obra *"Cuadro Natural de las relaciones que existen entre Dios, el hombre y el universo"*, 1782.

acercarse de nuevo a su antigua gloria y a sus conocimientos primitivos.

Debemos estudiar con cuidado esta copia si queremos recobrar algunas ideas de su modelo. Es necesario considerar las diferentes divisiones del tabernáculo y los diferentes velos que las separan unas de otras para reconstituir las diferentes progresiones y suspensiones de luz que nos afectan: el *Oráculo* envuelto y cubierto con las alas de los Querubines; la corona, o círculo de oro, que lo remata y parece colocada así como el anillo de Saturno, para servir de órgano a las *Virtudes* superiores que debían descender; las *tablas* erguidas en las diferentes regiones; los doce panes de proposiciones alineados de seis en seis, para representarnos las dos *leyes senarias*, fuentes de todas las cosas intelectuales y temporales; finalmente, el candelabro de siete brazos repitiendo el número de la *luz superior* que alumbraba y vivificaba invisiblemente este misterioso santuario, sede de su gloria.

El Tabernáculo debía tener relaciones no solamente con el destino del Universo, sino también con el hombre, porque el hombre fue su primer objeto, lo que fue suficientemente anunciado por este altar cuadrado que fue ordenado colocar en él con las vasijas y otros instrumentos relativos al culto que sc debía ejercer. La forma cuadrada es un símbolo análogo al número del hombre intelectual, símbolo que podemos desenredar con facilidad, y que será desarrollado con mayor detalle más adelante, pero incluso el propio cuerpo del hombre parece tener relaciones con ello, porque forma él mismo un cuadrado por sus dimensiones. Además, este altar se sostenía y transportaba por medio de cuatro bastones huecos que no se separaban y este tipo se encuentra en naturaleza física en la forma material del hombre.

No podemos considerar el fin corporal del Legislador de los Hebreos, cuya sepultura se ignora, así como la historia de estos Elegidos, que se anuncian como habiendo sido llevados en carros de fuego, sin darnos una idea amplia e instructiva de nuestro verdadero destino.

El hombre es un fuego concentrado en un envoltorio grosero; su ley, como la de todos los fuegos, es disolverlo [al cuerpo/envoltorio grosero] y unirse a la fuente de la cual está separado.

Si, descuidando la actividad propia de su Ser, se deja dominar por este envoltorio sensible y tenebroso, éste se hará con un control más o menos fuerte y duradero, según los derechos que le haya cedido por su debilidad, por sus inclinaciones o por sus gozos. Entonces, su fuego estaría ahogado o sepultado, por así decirlo, bajo este velo oscuro, y el hombre, a su muerte, se encontraría como confundido con las ruinas de su forma corporal; estos mismos restos se quedarían amontonados sobre él, mientras no sintiese renacer en el centro de su existencia algo lo suficientemente vivo como para romper y destruir los lazos que le atan a la región inferior de los cuerpos.

Si, al contrario, siguiendo la ley de su naturaleza, sabe no solamente conservar la fuerza y los derechos de su propio fuego, sino también aumentarlos por la acción de un fuego superior, no es de extrañar que a su muerte el ardor consuma más rápidamente la forma impura que hasta ahora había constreñido sus movimientos, y que la desaparición de esta forma sea más rápida.

¿Qué ocurriría entonces si el hombre entero es abrasado por este fuego superior? Destruirá hasta el más insignificante vestigio de su materia; no se encontrará nada de su cuerpo, porque no habrá dejado nada impuro, al igual que estos Elegidos, que al final de su carrera parecieron elevarse hacia las regiones celestes sobre carros luminosos, los cuales no eran más que la explosión de una forma pura, más natural a nuestro Ser de lo que pueda serlo nuestra envoltura material, y que nunca hemos dejado de tener, a pesar de nuestro vínculo con la materia.

¿Qué debemos pensar de las traducciones que hacen decir a Job: *Veré a Dios en mi carne*? Hay que pensar que el texto le es contrario. Y, efectivamente, la palabra *niquefú* נקפו pertenece al verbo נקף *naquaf*, que significa: *ha roto, ha cortado, ha corroído*, y de ninguna manera *ha sido rodeado*. Y Job, después de haber reconocido que su Redentor está vivo y que debe elevarse por encima del polvo, añade naturalmente: *Cuando mis males hayan corroído o destruido mi envoltorio corporal, veré a Dios,* no *en mi carne*, como dicen los traductores, sino *fuera de mi carne*. Porque en מבשרי *mibbesari*, como en miles de otros casos, la partícula מ *mem* es un ablativo extractivo que representa la existencia fuera de un lugar, fuera de una cosa, y no la existencia dentro de esta cosa o de este lugar; así el texto lleva aquí precisamente lo opuesto a las traducciones.

Dejo de lado esta multitud de hechos y de cuadros que contienen los libros hebreos desde la época en que Moisés fue sustituido por un digno sucesor, hasta el tiempo en que la forma del gobierno cambió. Con los principios que hemos establecido, podemos fácilmente descubrir lo que representa Josué cuando introduce al pueblo en la Tierra prometida a sus padres; cuando se encuentra con el Príncipe del Ejercito del Señor y toma de los enemigos de su pueblo las ciudades de *Cariat-sefer* y *de Cariat-arbé*, o la Ciudad de *las Letras* y la Ciudad de *los Cuatro*; entenderemos, digo, lo que nos recuerda el mismo pueblo hebreo, dejando subsistir varias de las naciones criminales que tenía orden de exterminar y olvidándolas hasta hacer alianzas con ellas.

Podremos descubrir fácilmente interpretaciones naturales e instructivas de los demás cuadros que se encuentran en estos libros, y más cuando hoy en día se ha demostrado que la mayoría de los hechos que parecían inconcebibles lo eran mucho menos de lo que las traducciones dejaban pensar;

los zorros de Sansón [ver Jueces 15:4-5], por ejemplo, que han resultado no ser otra cosa que el conjunto de materias combustibles, a las cuales no obstante es posible que se hayan unido *fuegos* más *activos* que los fuegos vulgares.

Omito igualmente todos los hechos que podrían parecer indignantes, como esas ejecuciones sanguinarias, esas crueldades operadas u ordenadas por los jefes y los depositarios de la justicia, de las cuales me propongo hablar más adelante en este relato.

Además, sería poco competente en el conocimiento de la sabiduría emprender la explicación universal de todo lo que contienen los libros hebreos, porque no solo no bastaría la vida de un hombre, sino que quizás sería necesario consumir todos los siglos para llegar a desarrollar todos los puntos.

Observemos entonces que, aunque encontrásemos algún punto inexplicable, por cualquier motivo que sea, no debería disminuir en nada, a los ojos de los hombres sensatos, el mérito de los hechos cuyas relaciones con nuestro Ser y con la naturaleza de las cosas son de lo más evidentes.

Así es el cambio que sufre la forma del gobierno de los hebreos. ¿En qué tiempo, sobre todo, se realizó este cambio? Es cuando fue profanada la santidad de su ley; cuando la avaricia de sus sacerdotes se apropiaba de las víctimas de los sacrificios y ya solo ejercían su profesión sagrada como un recurso para su codicia. Es finalmente cuando esos mismos sacerdotes, que ya no eran capaces de defender el Arca incorruptible de la Alianza con el hombre, la dejaron caer en manos de sus enemigos, despojando así al pueblo de todo lo que tenía su fuerza y su sostén. Fue entonces cuando a pesar de los sabios consejos del último de sus jueces el pueblo hebreo quiso ser gobernado por un rey, como las demás naciones.

Pero al igual que el primer hombre, al separarse del centro de la luz se sometió a tener por única guía una débil chispa de esa luz, el pueblo hebreo, al abandonar sus guías naturales y someterse a un rey solo tuvo por recursos las meras *Virtudes* de un hombre tan débil como malo; y la historia de los reyes es al respecto el cuadro más instructivo que la tradición hebraica nos haya podido transmitir. Porque de todos los reyes de Israel, no se nos muestra ni uno solo que no haya cometido el *crimen*, y entre los reyes de Judá, solo se muestra un pequeño número de ellos que hayan estado exentos, tal como Aza, Josafat y Josías; e incluso se reprocha al primero haberse aliado con reyes extranjeros y haber tenido en su enfermedad menos confianza en Dios que en los médicos.

Démonos prisa por llegar a la época famosa de ese templo que fue elevado bajo el *tercer* rey; monumento que las tradiciones hebraicas representan como la primera maravilla del mundo y al cual los bastardos de Ismael rinden todavía una especie de homenaje.

La construcción de este templo, hecha poco tiempo después de que el pueblo hebreo haya abandonado sus guías naturales, es una repetición perfecta de la suerte que corrió el hombre después de separarse de la fuente de su gloria, cuando fue reducido a no ver la armonía de las *Virtudes* divinas más que en una grosera y complicada subdivisión.

Estas imágenes, por muy materiales que puedan ser, presentan todavía al hombre culpable los rasgos de su modelo: siempre el Autor de los Seres, celoso de su felicidad, les ofrece el cuadro de su potencia, de su gloria y de su sabiduría, para fijar su vista sobre la grandeza y la belleza de sus perfecciones, y para traer su inteligencia de vuelta a la luz, después de que esta luz haya fijado sus sentidos por sus propios emblemas.

Así, el edificio del templo reunía todo lo que había sido anunciado por los signos sensibles de las manifestaciones anteriores.

Tenía, en sus proporciones y en sus medidas verdaderas, y no literales, relaciones con el Arca que menciona la tradición hebraica, durante la plaga de la justicia divina sobre los prevaricadores por el elemento agua; y así, el templo fue, como el Arca, una nueva representación del Universo.

Ofrecía los mismos atributos que el Tabernáculo cuyo modelo fue dado al pueblo judío cuando se promulgó la Ley, porque había en este templo un lugar para los sacrificios, tal y como se operaban en el Tabernáculo. Había en ambos un *lugar* destinado *a la oración*, el cual era como el órgano de las luces y de las dádivas que la mano bienhechora del Eterno esparcía sobre este pueblo elegido y sobre sus jefes.

Pero todo en este templo era más numeroso, más abundante, más vasto, más extenso que en los templos precedentes, para enseñarnos que las *Virtudes* siempre iban creciendo, y que a medida que los tiempos avanzaban, el hombre ve multiplicarse en su favor los auxilios y las ayudas.

Es para instruirnos acerca de estas verdades que cada uno de los tres *templos* está marcado con un distintivo particular. El Arca del Diluvio estuvo errante y flotando sobre las aguas, para presentarnos la incertidumbre y las tinieblas de los primeros tiempos. El Tabernáculo estuvo alternativamente en movimiento y en reposo, y además era el mismo hombre el que lo transportaba y lo fijaba en lugares elegidos, para presentarnos los derechos acordados al hombre en su segunda época —derechos por los cuales puede aspirar a intervalos a la posesión de la luz. Finalmente, el tercer templo era estable y adherido a la tierra, para enseñarnos de manera sensible cuáles son los privilegios a los cuales el hombre puede algún día aspirar— privilegios que se extienden hasta fijar para siempre su morada en el recinto de la verdad.

Así, el templo de Jerusalén no solo representaba lo que había ocurrido en épocas anteriores, sino que era además

uno de los signos sensibles más instructivos que el hombre
pudo tener ante sus ojos para recobrar la inteligencia de
su primer destino y la de las vías que la sabiduría había
encontrado para devolverle a ella.

En los sacrificios y la efusión de la sangre de los animales
hallaba la imagen del Sacrificio universal que los Seres puros
no cesan de ofrecer al Soberano Autor de toda existencia,
para el sostén de su gloria y de su justicia.

Añadamos de antemano que todo aquí abajo, siendo
relativo al hombre, era por el *hombre* mismo que este
sacrificio debía operarse, siendo los sacrificios de los animales solo de manera secundaria la facultad de manifestar
la gloria del Gran Ser.

El hombre, solo en la Naturaleza tiene derecho a ofre-
cerle tributos que sean dignos de él [de Dios]; pero estando
hoy en día en el extremo de la cadena de los Seres, se eleva
sucesivamente por su medio: descubriendo las *Virtudes* de
los Seres más inferiores, puede subir hasta las *Virtudes* que
los dirigen y llegar por este avance hasta una fuerza *viva*
que le ponga al alcance de poder cumplir con su Ley, es
decir, de honorar dignamente su Principio, presentándole
ofrendas sobre las cuales estarían grabados los caracteres
de su grandeza.

Si el pueblo judío ha sido depositario de semejantes instrucciones, si poseyó un templo que parece ser el jeroglífico
universal, si los que cumplían las funciones en él nos son

anunciados como depositarios de las leyes del culto y operan incluso todos los hechos de los cuales he demostrado que la fuente estaba en el hombre, es probable que el pueblo judío sea efectivamente el pueblo elegido por la sabiduría suprema para servir de modelo a la posteridad del hombre.

Según esto, podríamos creer que este pueblo fue puesto, preferentemente a todos los demás pueblos, en posesión de los medios de regeneración de los cuales hemos hablado, así como del culto traído necesariamente sobre la Tierra por Agentes que han sido hechos depositarios de las *Virtudes* subdivididas del *Gran Principio*, para devolver al hombre el conocimiento de este *Principio*.

Lo creemos aún más cuando reconocemos en el culto de este pueblo relaciones con la verdadera naturaleza del hombre y sus verdaderas funciones, como las que ya hemos observado entre el templo de Jerusalén y la armonía del Universo.

Veremos que estas frecuentes abluciones, estos esmerados preparativos, estos holocaustos de toda clase - bien de animales, bien de producciones de la tierra -, este fuego sagrado alumbrando siempre los sacrificios y las ofrendas, eran símbolos muy instructivos de todas las funciones de los Seres hacia el Primero de los Principios, y de la superioridad de este Principio sobre todos los Seres. Solamente el orden de los tiempos fijados para los diferentes sacrificios, la disposición de todos los *instrumentos* que se empleaban, la calidad de las *sustancias* que entraban, el número y la colocación de las *lámparas*, finalmente, todas las partes de este culto serían sin duda tantos índices de algunas de estas *Virtudes* superiores que la sabiduría había subdividido para el hombre desde su corrupción.

Sin embargo, estos objetos que han sido, por así decir, comunes a todos los cultos, al ser exteriores y extraños al hombre, no le devolvían el sentimiento de su verdadero carácter. Era por tanto necesario que esos grandes signos fueran expresados por él, que fueran representados, puestos en acción por Seres de su propia especie, para que consiguiese el testimonio personal e íntimo de que era para una obra así que había sido formado.

Si, en su origen, podía tener a la vez tres grandes objetos de contemplación: la *fuente* de todas las *Potencias*, las *Virtudes* que descienden de ella para el cumplimiento de sus *Leyes*, y los *Seres* que no cesan jamás de rendirle *homenaje*, era necesario que siguiese teniendo, en su estado de degradación, indicios y rastros de este sublime espectáculo; era necesario que todos aquellos grandes objetos fuesen presentados a su mirada y que fueran los hombres los que los representasen.

Así, en el ejercicio y el conjunto del culto de los hebreos podemos observar estas tres clases con la mayor exactitud.

El pueblo, ordenado alrededor del templo o en el porche, recordaba al hombre la multitud de producciones puras del Infinito, que se mantienen fielmente ligadas a este principio, tanto por amor a su gloria como por interés para su propia felicidad.

Los Levitas, afanados alrededor del Altar representaban, por su acción, las funciones de los Agentes privilegiados y elegidos para hacer llegar las aptitudes y las *Virtudes* del Gran Principio hasta la más insignificante de sus producciones.

Finalmente, el gran sacerdote que entraba solo, una vez al año, en el Santo Sanctorum para llevar los deseos de todo el pueblo y hacer manar hacia él los auxilios de la vida, se convertía para el hombre en una imagen expresiva del Dios invisible, del cual un solo acto de potencia basta para animar a la vez todo el círculo de los Seres, mientras que de todos los Seres que reciben perpetuamente de él los gérmenes mismos de su existencia, ninguno ha penetrado jamás en el Santuario inaccesible de su esencia.

Y es así que el hombre pudo recobrar la idea de su primera estancia, porque tuvo delante de los ojos un cuadro reducido pero regular de ella, porque finalmente vio representado en su propia especie al Dios de los Seres, sus ministros y sus adoradores.

Vio incluso en ello los *signos sensibles*, tanto de sus antiguos gozos como de los frutos que servían de recompensa a sus oraciones, porque las tradiciones hebraicas dan a entender cómo estos sacrificios eran coronados, enseñándonos que el templo se llenaba de la gloria del Eterno o de esos indicios de *pensamientos puros*, que ya vimos rodeaban al hombre.

En cuanto a la increíble multitud de animales que se dice haber sido inmolados durante la dedicatoria del templo, y generalmente en los sacrificios de los hebreos, no nos propondremos justificar estos relatos ni refutar todo lo que ha sido dicho sobre la imposibilidad que tenía la pequeña región de los judíos de encerrar suficiente ganado para proveer tantas víctimas, ni de que hubiese un número suficiente de sacrificadores para inmolarlos. Los que han empleado su tiempo y ejercido su espíritu en criticar los textos de las Escrituras podrían hacer de lo uno y de lo otro un uso más provechoso.

Hubiese sido más prudente buscar los medios de penetrar estos emblemas que detenerse en su envoltorio. Había que observar que cuanto más precisión y profundidad ofrecen las tradiciones de los hebreos en los lugares donde están claras, más debemos suponer, cuando parecen oscuras o inverosímiles, que lo son a propósito, para ocultarnos verdades que pertenecen solo al hombre inteligente y que serían nulas o dañinas para cualquier otro que no estaría preparado para recibirlas.

Hubiese sido mejor recordarnos cuánto se acerca la lengua hebraica a los objetos de la inteligencia, porque ni siquiera tiene nombre para expresar la materia y los elementos; hubiese sido mejor, digo, mostrarnos lo agudo, justo y sublime del sentido primitivo de sus palabras más comunes, y enseñarnos que la lengua hebraica, lejos de limitarse a un sentido particular y literal, es tan amplia que, para captarla en su verdadero espíritu, solo debemos ocuparnos en ampliarla, porque en el orden verdadero, es

tarea del sujeto y de la inteligencia dirigir las lenguas, y no de las lenguas dirigir a la inteligencia y al sujeto.

Finalmente hubiese sido más útil enseñarnos que todos los Seres corporales son cada uno un símbolo de una *facultad invisible* que le es análoga. Entonces, podríamos hacernos a la idea de la *fuerza* del toro, la *dulzura* y la *inocencia* del cordero, la *putrefacción* y la *iniquidad* del macho cabrío, y así de todas las especies de animales e incluso de todas las sustancias que eran ofrecidas como especie en los sacrificios.

Quizás con este cuidado hubiésemos conseguido rasgar el velo. Porque es posible que la especie de animal sacrificado fuera el signo físico de la *facultad* que le corresponde, y que la cantidad o el número de víctimas fuera la expresión alegórica de la misma *facultad* que el sacrificador buscaba combatir si era *mala*; o que por el contrario se esforzaba en obtener del soberano Ser si era *pura*; o finalmente, a la cual rendía homenaje cuando la había obtenido.

EL TEMPLO DEL HOMBRE Y SU CULTO
Louis-Claude de Saint Martin[1]
(1743-1803)
Extractos[1]

> "…templo eterno del que el hombre
> encuentra en sí mismo
> todos los materiales"
> El Hombre Nuevo, § 22

EL SEÑOR EDIFICÓ SU MORADA EN EL ALMA DEL HOMBRE

"El Señor ha elegido al alma del hombre para poner en ella su morada. Le gustaría pasar el rato paseando por los senderos espaciosos que se ha preparado en ella. Allí despliega toda su majestad y, para que ésta se pueda percibir mejor, hace que brillen astros deslumbrantes, cuya luz di-

---

[1] Abreviaturas de obras citadas: HN = El Hombre Nuevo, CN = Cuadro natural de las relaciones que existen entre Dios, el Hombre y el universo, HD = El Hombre de Deseo, EV = De los errores y de la verdad.

funde un resplandor inefable que llega hasta los rincones más ocultos de este refugio sagrado". [HN 36]

El hombre como arquitecto, templo y sacerdote

"…nos encontramos con el compromiso de vigilar con cuidado la construcción espiritual que se nos ha confiado, construcción que debe sernos tanto más atractiva cuanto más encontremos en nosotros mismos todos sus materiales y, bajo la inspección del que nos ha hecho este anuncio, y con su ayuda, podamos llegar a ser, al mismo tiempo, el arquitecto, el templo y el sacerdote por quien será honrado en él el fundador Divino. Debemos, como un artista meticuloso y agradecido, poner en todas las partes de nuestro edificio el nombre del que nos ha encomendado el trabajo, sin olvidar un solo instante que este nombre sagrado, inscrito en la piedra angular, es también el que debe acompañar todos los crecimientos que va a tomar la iglesia en nosotros, marcar las decoraciones exteriores e interiores, regular las divisiones del templo, fijar sus horizontes y determinar todos los detalles del culto que se debe celebrar allí eternamente". [HN 8]

"…levantarás tu altar al único Dios verdadero en este hijo querido y concebido por el espíritu, ya que ese es el único lugar donde puede ser honrado, pues solo allí puede encon-

trar un ser que sea verdaderamente su imagen y semejanza y
que tenga las cualidades necesarias para oír su lengua divina
y comprender los oráculos de su sabiduría eterna. Además,
solo allí podrás oír su voz sagrada, recibir respuestas que
llenen tu inteligencia y satisfagan todos los deseos de tu
corazón y todas las necesidades de tu espíritu". [HN 27]

"Aprende [que tu] Ser intelectual [es] el verdadero
templo; que las luminarias que le deben iluminar son las
luces del pensamiento que le rodean y le siguen en todas
partes; que el sacrificador es la confianza en la existencia
necesaria del Principio del orden y de la vida; es ante
esta persuasión ardiente y fecunda que la muerte y las
tinieblas desaparecen; que los perfumes y las ofrendas
es [tu] oración, [tu] deseo y [tu] altar para el reino de la
exclusiva unidad; que el altar es ese eterno convenio, fundado sobre su propia emanación, y que Dios y el hombre
van a visitar, de común acuerdo, para renovar la alianza
de su amor y para encontrar, respectivamente [uno] su
gloria y [el otro] su felicidad; en una palabra, que el fuego
destinado a la consumación de los holocaustos, ese fuego
sagrado que jamás debería apagarse, es el de esta chispa
divina que anima al hombre y que, si hubiese sido fiel a
su ley primitiva, le habría convertido para siempre en
una lámpara brillante y caritativa, colocada en el sendero
del trono del Eterno, para alumbrar los pasos de los que
se habría alejado, porque finalmente el hombre no debe

dudar más de haber recibido su existencia con el único objetivo de ser el testigo vivo de la luz y el emblema de la Divinidad". [CN, XVII]

EL CORAZÓN DEL HOMBRE: SANTO DE LOS SANTOS Y ORÁCULO DEL SEÑOR

"Con el Dios único que ha elegido su santuario único en el corazón del hombre y en este hijo querido del espíritu que todos debemos hacer que nazca en nosotros, no tienes que temer los mismos peligros y solo tendrás que recoger frutos saludables, porque es muy simple el ser verdadero, el único ser que es impasible a toda influencia que no sea la de la verdad. ¡Además, se ha reservado para él solo el poder de darla a conocer y de manifestarla en toda su pureza!" [HN 27]

"El Señor fundó su templo en el corazón del hombre; en él trazó todo el plan; cabe al hombre levantar las murallas y terminar todo el edificio.

Formemos al hombre a nuestra imagen y semejanza.

Aquí se establecerá mi santuario; reservé este lugar más interior para el santo de los santos.

Hombre, aquí es donde el oráculo escogió su morada; rodeada de árboles espesos y majestuosos; que sus cimas se reúnan y se curven para ocultarlo a los ojos del profano.[...]

Él colocó su templo y su oráculo en tu corazón, para que en todos los tiempos y en todos los lugares, sea caminando, sea en estado de reposo, pudieses entrar en él y consultarlo". [HD 20]

"Sí, hombre nuevo, este es el verdadero templo en el que solo podrás adorar al verdadero Dios del modo que él quiere que se haga, ya que todos los templos representativos y figurativos, que ha permitido que su sabiduría te conceda durante tu paso por las regiones visibles, no son más que las avenidas que conducen a este templo invisible, al cual querría ver llegar en multitud a todas las naciones del universo. El corazón del hombre es el único puerto donde el barco, lanzado por el gran soberano a la mar de este mundo para transportar a los viajeros a su patria, puede encontrar un asilo seguro contra la agitación de las olas y un fondeadero solido contra el ímpetu de los vientos". [HN 27]

"…desde la infancia hasta la alta sabiduría de los seres celestes podemos elevarnos de santuarios en santuarios, con la certeza de que, cuanto más esos santuarios se hacen sublimes e invisibles, más activos y sensibles son en el orden de nuestra verdadera sensibilidad". [HD 123]

La construcción del Templo del hombre

"…también vosotros, cual piedras vivas,
entrad en la construcción de un edificio espiritual,
para un sacerdocio santo…"
1ª Pedro 2:5

"Feliz el hombre que la Divinidad se digna en escoger para hacer un templo en el que se la invoque por su propio nombre y jure en su propio nombre que Ella velará sobre ese templo, y que lo empleará para la ejecución y cumplimiento de todos sus deseos".

La Oración, Saint-Martin

"Desgraciado aquél que no funda su edificio espiritual sobre la base sólida de su corazón en perpetua purificación e inmolación por el fuego sagrado".

Retrato, 427, Saint-Martin

"Los más sabios de ellos han creído que, al construir templos al Señor con piedras talladas con herramientas de hierro y con la forma que ellos le han dado, habían cumplido los planes divinos en cuanto al culto y los homenajes que espera de los mortales la divinidad. No han visto que era de este templo imperecedero del que esperaba el triunfo de su gloria, de este templo, en el que los instrumentos materiales son completamente inútiles, tanto para tallar las piedras como para sacarlas de las canteras, para transportarlas o, finalmente, para colocarlas definitivamente en el lugar que deben ocupar en el edificio.

Por tanto, es a sacar las piedras de las canteras, tallarlas, transportarlas y ponerlas definitivamente en el lugar que deben ocupar en el edificio a lo que la sabiduría y el espíritu del Señor se dedican con nosotros, y las herramientas que utilizan para ello son los mismos obstáculos y las mismas contrariedades espirituales que encontramos en nuestro camino, cuyo precio el hombre novicio en los secretos de Dios no conoce lo suficiente para darse cuenta de que no hay ni una sola de estas pruebas que, si se realiza con fe y valor, no deba concluir para él con el nacimiento y el desarrollo de una unidad, y que con estas acumulaciones de unidades adquiridas por otras tantas pruebas y victorias, debe ver que se levanta en él el nuevo hombre o el edificio de los elegidos.

Ni siquiera supone que este edificio de los elegidos nos transforma en un verdadero cielo en el que habitan a la vez todos los espíritus del Señor, todos los poderes del Señor, todos los dones del Señor, todas las virtudes del Señor, de tal modo que nos convertimos en una especie de ciudadela, de fortaleza siempre armada, siempre a la defensiva, siempre preparada para vigilar por la seguridad de los habitantes y para procurarles todos las ayudas, todos los beneficios que nuestro estado de guerra nos permite esperar en este bajo mundo". [HN 22]

"Así, pues, al descender [el hombre] en sí mismo, encontrará un gran templo en el que oirá hablar a un laborioso pastor que, sin que él lo vea, le gritará con todas sus fuerzas: lamentación, exclamación, purificación, santificación, súplica, consagración, administración. Ahí puedes ver, al mismo tiempo, lo que tienes que hacer y los medios de realizarlo". [HN 23]

"…dejemos también que se acumulen en nosotros con un respetuoso y prudente deseo, las influencias vivas y los sedimentos espirituales que deposita la verdad todos los días dentro de nosotros. No sólo podremos algún día extraer piedras vivas que sirvan de cimientos para nuestros edificios de cualquier tipo, no sólo haremos con ellas murallas para nuestras fortalezas, no sólo podremos hacer con ellas palacios y Templos, sino que podremos construir también largos acueductos que lleven el agua desde los sitios más lejanos a los lugares estériles, con el fin de restablecer en ellos la vida y la vegetación. Finalmente, podremos hacer puentes sólidos y amplios que nos ayudarán a cruzar con toda seguridad los ríos y torrentes, pues el Dios de los seres no busca otra cosa más que poner en práctica en nosotros todas las leyes vivas, de las que la naturaleza y el tiempo no dejan de presentarnos imágenes pasajeras y materiales". [HN 19]

"Recordad que, si el alma del hombre está destinada a servir de templo para el autor eterno de lo que existe, es preciso que tenga en sí, al mismo tiempo, todas las facultades de este ser infinito, según todas sus virtudes, acciones y subdivisiones, sin lo cual este supremo y majestuoso creador de todo lo que existe no podría habitar en ella plena y libremente. Recordad, por tanto, que, si el alma del hombre está destinada a servir de templo del Eterno, no tenéis ni un solo movimiento que deba quedar en vuestra posesión, ya que el autor soberano que ha producido estas formas para que le sirvan de morada y venir a habitarlas, debe ser el único a quien pertenezca la disposición. Por eso es por lo que el reparador nos ha prohibido jurar por nuestra cabeza, ya que nosotros no podemos dar ni un solo cabello, blanco o negro, pues, para jurar por algo hay que poseerlo; pero nosotros no poseemos nada, ni siquiera nuestro ser, ya que sólo es de la forma y el dominio de Dios". [HN 37]

"No te concedas descanso mientras no se haya reconstruido en ti esta ciudad santa, tal como debería haber permanecido siempre, si el crimen no la hubiese derribado, y recuerda todos los días de tu vida que el santuario invisible en el que nuestro Dios se complace en ser honrado, el culto, las iluminaciones, los inciensos de los que la naturaleza y los templos exteriores nos ofrecen imágenes instructivas y beneficiosas y, finalmente, todas las maravillas de la Jerusalén celeste, pueden volver a encontrarse también hoy día en el corazón del hombre nuevo, ya que han existido en él desde el origen". [HN 71]

El espíritu vivifica el Templo del hombre por la palabra

"Haced sitio al espíritu. ¿No veis cómo se apresura para hacerse un hueco entre la multitud? Es que tiene que hacer una obra tan importante y tiene tanto celo por ella que teme perder un instante. Además, tiene que recorrer un espacio tan grande que teme no llegar hasta el final antes de que se le acabe el tiempo que se le ha dado para esta obra. Es preciso que pase del lugar donde tiene su morada hasta las mayores profundidades del hombre. Sólo viene para colocar la palabra de la santidad, por la que el hombre verá que crecen en él, al mismo tiempo, las siete virtudes, que serán las siete columnas de este edificio construido sobre la roca viva, que debe ser la iglesia eterna de nuestro Dios".

"Haced sitio al espíritu. Viene a traer a la base del templo todos los medios necesarios para elevar a la categoría de morada su edificio y hacer que se mantenga intacto, a pesar de la envidia de los samaritanos, y hará que este templo se gane el respeto y la admiración de todos los pueblos. ¿Cómo podría producirse esta admiración y cómo podría ser tan majestuoso este edificio, si el propio arquitecto eterno no hubiese proporcionado sus planos y diseñado su distribución y si no se generase continuamente de sus propios orígenes? Por eso es por lo que su espíritu viene a traer hasta nuestro centro más íntimo las palabras vivas que reaccionan mutuamente por sus diversos poderes y propiedades y hacen que salgan por sí mismas esta luz y esta vida que asegura una duración eterna a este templo que han construido con sus propias manos". [HN 19]

EL CULTO PRIMITIVO

> "Adorarás al Señor tu Dios
> y sólo a Él darás culto"
> [Lc 4:8; Mt 4:10]

"En su verdadera definición, un culto no es sino la ley por la cual un Ser, al buscar apropiarse de las cosas que necesita, se acerca a Seres hacia los cuales su analogía le llama en cada instante y huye de los que le son contrarios. Así, la fe de un culto está fundada en una verdad primera y evidente, es decir, en la ley que resulta esencialmente del estado de los Seres y de sus respectivas relaciones". [CN, IX]

"La primera Religión del hombre permanece invariable, él está, a pesar de su caída, sujeto a los mismos deberes; pero como ha cambiado de ambiente [tras su caída], ha sido necesario también que cambie de Ley para dirigirse en el ejercicio de su Religión. Ahora bien, este cambio no es otra cosa que el estar sometido a la necesidad de emplear medios sensibles para un culto que no debía conocerlos nunca. Sin embargo, como estos medios se le presentan de forma natural, los encuentra fácilmente, pero necesita mucho más, ciertamente, para hacerlos valer y servirse de ellos con éxito". [EV]

"Pero, al hacer derivar el culto del hombre de sus necesidades y de la necesidad de combatir el obstáculo que le sirve de barrera, parecería que admitiese una multiplicidad innombrable de diferentes cultos, ya que, en general, estando el hombre expuesto a necesidades tan diferentes, tan variadas, tanto por su Ser intelectual como por su Ser corporal, querer prescribir una ley uniforme para esas diferentes especies de necesidades sería ir contra el orden y contra la razón. Algunas palabras bastarán para hacer desaparecer esta dificultad.

Si la unidad del culto es una verdad innegable y fundada en la unidad misma de aquél que debe ser el objeto del mismo, esta unidad no excluye la multiplicidad de medios a los cuales la variedad infinita de nuestras necesidades nos obliga a recurrir. Entonces, este culto podría recibir innumerables extensiones en los detalles y no dejar por ello de ser perfectamente simple y siempre uno en su objeto, que es acercar lo que le falta a nuestro Ser y lo que le es necesario para su existencia. [...]

Pero, aunque en estos diferentes estados veamos diversificarse el culto del hombre, o más bien ampliarse y elevarse a medida que vaya descubriendo mejor la extensión y la naturaleza de sus verdaderas necesidades, este culto, mientras sea conforme al orden natural, es siempre uno, ya que tiende continuamente al mismo objetivo, que es colmar las necesidades del hombre según los diversos estados por los que pasa y hacerlo por lo medios más verdaderos y más naturales de los que sea capaz.

Porque las vías de la sabiduría son tan fecundas que se transforman en cada instante para adaptarse a todas nuestras situaciones. Y si, por la plenitud de sus facultades, abraza a todos los Seres, todos los tiempos, todos los espacios, en cualquier posición que nos encontremos, nunca puede dejar agotar la fuente de sus dones, y por múltiples que estos sean, tienen todos la misma unidad por principio y por fin.

Según esto, sea cual sea la superioridad que presente un culto, sería imprudente proscribir aquéllos que, al no haberla alcanzado todavía, ejerzan cultos menos perfectos, porque no sólo las leyes de la rehabilitación de los hombres, combinándose con las leyes de la cosas sensibles, están sometidas a los tiempos y a un orden sucesivo, sino porque además ignoramos si no se encuentran luces ocultas y secretas Virtudes bajo apariencias poco imponentes. [...]

A pesar de la superioridad de un culto sobre los demás cultos, quizás la Tierra entera participe de los derechos que distinguen al culto perfecto; quizás entre todos los pueblos y en todas las instituciones religiosas haya hombres que encuentran acceso a la sabiduría y, lejos de querer disminuir el número de los verdaderos templos del Eterno, debemos creer que, tras los dones universales que expandió sobre nuestra morada, no hay ningún hombre en la Tierra que no pueda, si lo quisiera, servir de templo a este Gran Ser. Porque, a cualquier lugar donde vaya el hombre, por muy aislado que esté, están siempre tres juntos [cuerpo, alma y espíritu], y este número es suficiente para constituir un templo.

Dejemos pues de juzgar las vías de la sabiduría y circunscribir límites a sus Virtudes. Creamos que los hombres le son igualmente queridos; que si ella colmó a algunos con sus favores más preciosos y más graciosos, es una razón más para que ellos imiten su ejemplo, empleando para con sus semejantes la misma indulgencia; por último, esta indulgencia, que no es otra cosa que el amor divino, es dulce, benéfica, y no proscribe, aunque dejara a los Seres en privación. [...]

... ya que el culto verdadero y los Agentes encargados de expandirlo solo han tenido por objetivo restablecer la armonía entre nuestros tres Seres, mostrar al hombre el empleo de todas las sustancias de la Naturaleza y sus propiedades, representarle visiblemente aquéllas que están en él y que, combinadas con todas las demás Virtudes naturales, deberían ser la imagen y la expresión completa del Gran Ser del que todo procede. [...]

No hay que ocultar aquí que este culto y estos medios sensibles, transmitidos al hombre por Agentes puros, piden por su parte una atención muy vigilante, una firmeza invencible y un discernimiento muy sutil para no confundir las acciones verdaderas que deben animar el culto con las acciones falsas que tienden continuamente a desfigurarlo, y que están siempre dispuestas para extraviar al hombre, ya sea visible o invisiblemente". [CN, IX]

"Aprende [que tu] Ser intelectual [es] el verdadero templo; que las luminarias que le deben iluminar son las luces del pensamiento que le rodean y le siguen en todas partes; que el sacrificador es la confianza en la existencia necesaria del Principio del orden de la vida; es esta persuasión ardiente y fecunda ante la que la muerte y las tinieblas desaparecen; que los perfumes y las ofrendas es [tu] oración, es [tu] deseo y [tu] altar para el reino de la exclusiva unidad". [CN, XVII]

"Sí, el culto interior es sensible, ciertamente más que el culto exterior, pero lo es de otra manera. El culto material es para los sentidos de la forma, el culto espiritual es para los sentidos del alma; el culto divino e interior es para la vida íntima de nuestro ser". [HD 123]

"…tendrá la sabia precaución de no atreverse jamás a acercarse por sí mismo a las ceremonias santas, sin que sienta que el templo está preparado, que todas las lámparas están encendidas, que el fuego del espíritu ha traspasado sus paredes, sus cimientos, sus columnas, y ha decorado todas las partes de este templo de una manera digna del sacrificador que debe dirigirse a él y de los santos misterios que en él se deben llevar a cabo". [HN 43]

"Empezad por poner un velo entre vosotros y los objetos informes que os han deformado la vista y la inteligencia.

Este primer paso os llevará a los sacrificios; los sacrificios os llevarán a la purificación; la purificación os llevará a la unión con el principio activo de vuestro ser y este principio activo os desvelará en todo momento las voluntades de vuestro Dios, pues vuestro Dios está siempre lleno de sus planes y sus proyectos para los hombres y, cuando se une realmente a nosotros, debe ser de una manera viva y eficaz, que desarrolle activamente todas nuestras relaciones y todas nuestras leyes". [HN 48]

"Hombre nuevo, «Cuando hayas entrado a la tierra prometida, acuérdate de no hacer sacrificios a tu Dios nada más que en el lugar que él haya elegido para que le rindas el culto que se le debe. No sólo no imitarás a esas naciones impías que han erigido altares en todos los lugares elevados, bajo árboles frondosos, y ofrecen en ellos sacrificios al sol y a la luna y a toda la milicia del cielo, sino que derribarás todos esos lugares elevados, todos esos altares y todos esos ídolos que han sido venerados. No dejarás que quede ni el mínimo vestigio de ese culto impío, tal como te lo ha ordenado el Señor tu Dios, e irás al lugar que te haya indicado el Señor para inmolar tus víctimas».

Este lugar ya lo has conocido, ya lo has visto, desde que recibiste el nacimiento, porque este lugar es ese mismo hijo querido, concebido del espíritu, a semejanza del que es hijo único del Señor por la virtud de su generación eterna.

Evitarás, por tanto, con sumo cuidado, ir a hacer sacrificios al Señor en otros lugares de tu ser que no sean este Santo de los Santos, que es el único asilo sagrado que él ha podido reservar en los escombros del templo del hombre.

Evitarás con sumo cuidado ir a preparar un altar a tus pensamientos ni a los aspectos tan variables de las especulaciones de tu espíritu.

Evitarás con sumo cuidado ir a preparar un altar a las débiles conjeturas y a los tenebrosos conceptos de tu inteligencia.

Evitarás con sumo cuidado ir a preparar un altar a todos los movimientos falsos del corazón del hombre, que no pretenden más que establecer en él un culto sacrílego, ya que él mismo se somete al ídolo del templo y acapara la verdadera divinidad.

Evitarás con sumo cuidado preparar un altar a toda la región de los astros «si no quieres que en el futuro tus huesos queden expuestos en el suelo a todas las estrellas del firmamento, como quedaron los huesos del rey Jeroboan». [HN 27]

"Prepara solo para ti una entrada; hombre afligido, hombre de deseo, entra solo como el gran sacerdote y deja fuera todos los falsos deseos, toda ambición mentirosa, todos los vestidos manchados.

Entra sólo, es decir, con un único pensamiento; y que este pensamiento sea el de tu Dios. Que, así separado del resto del universo entero, estéis sólo Dios y tú por el testimonio de tu oración y de tus súplicas.

Acércate al oráculo respetuosamente, espera en silencio, y suspendiendo todas las facultades interiores.

No tardarás en oír su respuesta, aunque no oigas proferir palabras.

Saldrás irradiando gloria de esa sagrada morada. Estarás obligado a velar tu rostro al presentarte al pueblo, para que no quede ofuscado.

Les dirás los decretos de tu Dios, y serás preservado de las emboscadas y de los falsos decretos de los príncipes de la mentira.

Que tus pensamientos se dirijan perpetuamente hacia ese oráculo; es el único que el Señor desea que escuches y te impele a huir de todos los otros". [HD 20]

"El culto puro habrá conducido a los hombres justos a las alegrías celestes y al reposo de su alma. El culto impuro habrá conducido a los impíos a la rabia, al furor y al desespero". [HD 136]

LA IGLESIA Y EL TEMPLO
ROBERT AMADOU[1]

La Iglesia católica romana, hoy en día y en todas partes, prohíbe a sus fieles, tanto a los laicos como a los clérigos, adherirse a la Franc-masonería; a los franc-masones les niega la comunión eucarística. Por anticipado, la santa sede ha recusado la competencia de las autoridades eclesiásticas locales para abrogar o suspender esas disposiciones canónicas. Tal es el derecho y es un hecho la anulación desde 1.983 de los compromisos alcanzados a partir de 1.974, tras largos años de discusiones y acercamientos. Es otro hecho que los motivos expuestos no son de orden contingente, sino necesario: el juicio negativo de la Iglesia contra las asociaciones masónicas, cualesquiera que estas sean, permanece inamovible, tras un breve intermedio,

---

[1] Publicado por el C.I.R.E.M. (Centre Internacional de Recherches & d'Etudes Martinistes), Guérigny, Francia, 1.995.

ya que sus principios siempre han sido y siguen siendo considerados como irreconciliables con la doctrina de la Iglesia. Intérpretes autorizados explican que el franc-masón y el cristiano estarían obligados respectivamente a vivir dos modos incompatibles de relación con Dios.

La Iglesia de Oriente, la llamada ortodoxa, no ha expresado opinión alguna ni ha legislado acerca de dicho tema, aunque la Iglesia Griega de Hellade haya condenado la Franc-masonería como una religión pagana, en 1.933, reiterando esta condena.

La Iglesia de Inglaterra adoptó en 1.986 un informe simple y cruel, que venga bastante mezquinamente la derrota, no obstante, catastrófica, de los antifeministas; pero se han abstenido con inteligencia y caridad de seguir las conclusiones tendentes a condenar a aquellos anglicanos pertenecientes a la institución masónica.

Varios organismos protestantes, de diversas confesiones y diversos niveles, han denunciado en la Franc-masonería un anti-cristianismo, o un a-cristianismo, sin alterar ni la libertad de los creyentes de estas confesiones, ni la armonía que muchos de entre ellos encuentran en su estado cristiano franc-masón.

Las críticas anticipadas por ciertos representantes de Iglesias cristianas distintas a la Iglesia católico romana caminan hacia la misma posición actual de ésta, a partir de ahora el corazón del problema; y las condenas locales, las reflexiones individuales confirman el carácter fundamental, declarado por Roma, del problema que ilustra la historia en numerosos y esporádicos acontecimientos.

La <u>Kirk</u> presbiteriana de Escocia vino, en su momento, a pasar un juicio muy severo, aunque no obliga en derecho a sus fieles contra la masonería. Ese juicio también va al fondo. Pero la <u>Kirk</u> del siglo XVII, estricta y oficial, toleraba paradójicamente los ritos masónicos ocultistas de los que se creía que su teleología les asimilaba al paganismo, no rebasando la prudencia del mal menor (¡ritos masónicos antes que supersticiones católicas romanas!), para convenir de hecho que la Franc-masonería bien entendida no se apoyaba en ningún sentido sobre la Iglesia más puntillosa, y ¿no la incitaba por anticipado a resolver el problema que se plantearía más de tres siglos más tarde?

RELIGIÓN – CIENCIA – LUZ
COSMOS E HISTORIA – EL GRAN HOMBRE

Religión

1.- Franc-masonería y religión: éstos son los términos de un problema. ¿Cuál es la posición
de la institución masónica sobre el lugar que
ocupa la religión? ¿Cuál es la posición de las

instituciones religiosas cara a la Franc-masonería? Es un problema de fondo, más allá de los
accidentes de la historia; más allá también de
las cuestiones de imagen donde, por razones
específicas, el problema o bien se intoxica o
bien se niega.

2.- Por razones históricas y geográficas, este
problema de doble cara se manifiesta princi-
palmente en el caso del cristianismo y particularmente en el Occidente cristiano. Los no
cristianos se pueden legítimamente preocupar
también, ocupándose tanto de sus propias religiones como del cristianismo, cuyos dogmas
e Iglesias les emocionan de forma variada; el
cristianismo oriental, cualesquiera que puedan
ser las inquietudes, frecuentemente occiden-
talizantes, de ciertas autoridades eclesiásticas
de Oriente, precisa el problema y muestra
la vía de una solución, al mismo tiempo que
explica el origen y la gravedad del hecho,
del problema por la significación histórica, y
entendido en la historia de los dogmas y de
las instituciones, de la Franc-masonería y de
la Iglesia romana.

3.- Despejemos el terreno. La Franc-masonería no
es atea: sus estatutos lo prohíben; la coherencia

del sistema también. La Franc-masonería no es deísta: sus plegarias rituales, bien sea en las formas o en la materia de las mismas, así lo demuestran; la creencia en la voluntad revelada del Gran Arquitecto del Universo también. La Franc-masonería no es indiferentista: si no, ¿cómo podría invitar al candidato a escoger un volumen de la Ley sagrada, entre todos, es decir, un Libro santo, entre todos los que fundamentan una religión en particular?

4.- Sigamos despejando. El juramento es de derecho natural; los castigos, cuya amenaza los acompaña, son evidentemente simbólicos y están ligados, en este sentido, a los signos de orden; además, la Gran Logia Unida de Inglaterra ha abolido la mención en 1.985, con el fin de evitar cualquier equívoco, y numerosas obediencias han seguido el ejemplo. El secreto, a fin de cuentas, sólo es discreción. "Jabulón" sólo es una palabra fantasiosa, atestiguada a finales del siglo XVIII, ratificada en 1.835; a fin de librarla de la eventual intención de un sincretismo vago e ingenuo, los mejores intérpretes de la masonería la entendieron, permitiendo modificar la ortografía, en el sentido de un monoteísmo bíblico. Las plegarias son de intercesión, no de adoración, con un punto de pelagianismo a temer, porque si, a través del plan de salvación y por los sacramentos, el Santo viene al hombre, éste puede tomar la iniciativa en el camino mistérico, o pagano —osando la palabra—, siendo sobre este plano exclusivamente que actúa la Franc-masonería. Pero vayamos más allá.

5.- Religiones fundadas sobre la historia, religiones fundadas sobre la naturaleza: el cristianismo está fundado sobre la historia, pero recoge los cultos de la naturaleza recogiendo tanto la naturaleza como los cultos. Tal es la doctrina y tal es la práctica impuesta: un punto de luz increado que no es visible por el hombre al que ha transfigurado, y esto es la mística, pero también —y este es el misterio (a informar por la mística)—, un punto de cosmología que no es cosmosofía, un punto de naturaleza que la Sabiduría incorpora a Dios, presentado como alma del mundo, o su señor, ciertamente creado, así como la luz correspondiente, cuya percepción, de golpe, tiende ella misma a lo mistérico. Todo hombre, naturalmente lógico, es allí capaz. Pero también el alma del mundo es una manifestación de energía divina que irradia la Santa Trinidad, aunque la Sophia eterna se identifique particularmente bien con el Logos o bien con el Espíritu Santo. Punto de luz creada que sólo depende, sin lugar a error, de la luz increada.

6.- La transfiguración —del hombre, y del mundo por el hombre—, es cosa de la Iglesia; formas sagradas de contemplación y de acción son accesibles al hombre fuera de la Iglesia visible y al cristiano excepto en su actividad litúrgica expresa. Pero siempre es por el Cristo que todo bien se opera y toda actividad del cristiano participa en la liturgia. Dicho de otra manera, toda actividad del hombre es, debe ser litúrgica, explícita o implícitamente, regular o salvaje, y cristiana con o sin la letra. El cristiano, por su estado, reintegra, lo mismo que su doctrina recapitula, toda actividad de apariencia extra-litúrgica y no cristiana en la Iglesia inevitable, espiritualmente; él fortifica, desenmascarando, por la articulación.

7.- El templo es el lugar particular de Dios, un punto crucial de su presencia: el hombre, espíritu, alma y cuerpo, y mi espíritu, mi alma y mi cuerpo, por excelencia metódica; el cosmos; la sociedad en todos los niveles; los edificios construidos o por construir por la mano del hombre y según las reglas de la arquitectura natural, porque —peso, número y medida— la Sabiduría divina reina en todos los templos de todo orden. Y todos los templos, de todo orden, serán construidos; también, por consiguiente, la persona y la comunidad, e incluso el mismo cosmos: los ritos en todas partes y siempre ayudan al mundo. Los ritos sacramentales según su modo eminente y su eficacia única.

8.- Cuando Coustos, en su proceso de Inquisición, en Portugal, informó sobre este propósito por él entendido en 1.728: "El maestro dice al iniciado que la religión que profesará en lo sucesivo es mucho más noble que la orden del Toisón de Oro, del Espíritu Santo, del Cristo y todas las otras del mundo, pues ella es más noble y antigua qua todas éstas....", ¡cuidado con el contexto!, ¡cuidado con entender que "religión" signifique aquí orden o cofradía! Lo que no excluye que la religión del masón en su calidad no sea también la más antigua, hasta el punto de ser la única.

9.- La religión de la masonería, o del masón en su calidad, es especifica, pero no es específicamente masónica, aunque no se encuentre ninguna parte por otro lado —y no se puede incluso aquí— en estado puro. Es el noaquismo, la religión de Noé cuyos dos caracteres son la antigüedad (es primitiva, después de la caída evidentemente, y añadimos que la única) y la universalidad (ella es la antigua y única religión católica). Religión de naturaleza y no de la naturaleza (como se dice, o debiera decirse, no filosofía de la naturaleza sino filosofía de naturaleza, para designar el reflejo especulativo). Los noaquitas sacaron provecho de la naturaleza en la alianza. Los tres grandes artículos teístas de Noé evitaron al hombre disolverse en la naturaleza, al igual que el esfuerzo de conocimiento y de amor del hombre al que Dios ha instalado en la naturaleza no tiende a ninguna romántica fusión, como la de Novalis, por ejemplo.

10.- La alianza de Noé subsiste en las religiones arcaicas, pero, en los misterios a ordenar, ya no es más el cosmos el mediador del misterio, es la persona: aquélla del Dios hecho hombre, y del hombre que, en Espíritu, se convierte en Dios. El hombre, rey de la existencia universal, siendo también —también— el sacerdote, capaz de desvelar, para llenarlo de Dios y ofrecerlo a Dios, el ser de las cosas. El primer paso consiste en la revelación natural, pero si no se da el segundo, es el erudito moderno o el brujo diabólico quienes se consideran como el sacerdote de la naturaleza.

11.- Hay una verdad de las religiones fundadas sobre la naturaleza, que corresponde a la primera alianza de Noé: Dios se revela en la regularidad de los ritmos naturales y en el sentido metafísico de todas las cosas, ninguna parece más portadora a este respecto ni más generalmente contemplada. Pero "los hombres han cambiado la majestad del Dios incorruptible representándolo en imágenes del hombre corruptible, de aves, de cuadrúpedos y de peces" (Romanos, I: 23). El artificio del hombre caído contribuye a aumentar las tinieblas que su descenso hizo extender sobre el mundo. El error, sin embargo, no es fatal.

12.- En Abraham y en Moisés, la alianza no es destruida, ella es de otro orden y Dios se revela en la singularidad de los acontecimientos históricos. En Cristo la alianza no es destruida, ella se cumple. El cristianismo nos arranca de la horizontalidad, no importa su profundidad, del cosmos. El Cristo, dice Eusebio de Cesárea, no aporta un mensaje nuevo, pero restablece en su pureza la religión de la humanidad primitiva provisoriamente reemplazada por el cristianismo (Dem. ev. 1,6).

13.- Existe una revelación natural de Dios en su criatura, en la naturaleza y en el espíritu humano; es propia de la dialéctica del proceso mistérico y, si se ve, del paganismo, de la religión pagana. Sin embargo, la revelación natural que el hombre encuentra en sí mismo en el mundo, en la Sophia creada (según la expresión temeraria pero sugerente de Boulgakov, y bajo reserva de que no se encuentre caída, de hecho, en sabiduría terrestre, sensual, diabólica -Santiago III:15), en la imagen de Dios, está libre de errores y de ilusiones. La revelación divina, de la que no se preocupa la Franc-masonería, pero que el franc-masón y, en particular, el francmasón cristiano o el cristiano franc-masón no olvidará, es, simétricamente, un descenso de Dios en el hombre.

14.- Primeramente, contemplación de Dios, comunión directa con Dios, visión de la luz increada. Pero, en segundo lugar (según la jerarquía y primeramente según cierta pedagogía) contemplación de la naturaleza, conocimiento de los seres, es decir, de los "secretos de la gloria de Dios ocultos en los seres" (Isaac el Sirio). Esta segunda clase es la primera revelación, la primera alianza con el Logos en la que son creadas todas las cosas. El Peregrino ruso aprende el lenguaje de la creación: sublima una actividad pagana y la santifica: del cosmos litúrgico a la liturgia cósmica. A la intuición directa de la luz y de la acción de Dios en las naturalezas visibles es unida, en la doctrina y puede ser que, en la práctica, el conocimiento racional donde el alma se ve a sí misma: reflexión filosófica o contemplación del *nous* llamado a descender en el corazón preparado.

15.- Los sacramentos de la Iglesia no sufren por los ritos ejercidos en la logia masónica, a la sombra ideal del Templo, y en su esfera de influencia, ninguna rivalidad. Los sacramentos son de institución divina directa (por Jesucristo o por su Iglesia que es su cuerpo místico); los ritos son de origen natural, como la revelación primitiva, y por lo tanto mediatamente divina. Los ritos iniciáticos prometen y significan la salvación, los sacramentos proporcionan el

acceso. Naturaleza, ritos, mundo, son para conocerlos y servir en vista de su transfiguración.
Es bueno que todo hombre los conozca y los
sirva, es necesario que todo cristiano recoja
ese conocimiento y ese servicio, puesto que
es requerido, en el proceso de transfiguración
donde compromete desde entonces lo que es
comprometido. Es útil que el cristiano que
tenga vocación, conozca y sirva a lo que todo
hombre tiene por tarea de transfigurar entre los
otros, para todo. Del buen uso de la ciencia;
aunque le falta que sea de la buena ciencia.

CIENCIA

16.- Al título de ciencia, sea en el sentido moderno,
sea en el sentido del ocultismo (cuya idea, a
pesar del nombre, es tradicional), la religión
puede tolerar la ciencia y tener la cultura por
lícita. La evidencia ¿no será en parte trampo-
sa? Al menos ¿no disimulará la complejidad?
En las llamadas ciencias ocultas (adivinación,
astrología o primera de todas, magia, alquimia), la supuesta relación de coexistencia a
riesgo de ser más delicada, ya que resulta más

íntima, el ocultismo rechaza ser cortado por
la religión y desemboca normalmente en la
teosofía; por el contrario, la ciencia moderna
se sitúa deliberadamente en la ignorancia de
lo religioso.

17.- En realidad, la relación, en el primer caso, a
riesgo de resultar ser sin razón una relación de
concurrencia, se ofrece por completo a ser una
relación de articulación; en cualquier ciencia
que esto sea, la verdadera religión ¿tiene licen-
cia para concordar la autonomía? Ahora bien,
la llamada ciencia moderna o racionalista, el
cientifismo (el que acaece ante un ocultismo
desviado), que cree en el poder de una razón
sin Dios, rechaza toda injerencia de la religión y
se quiere alejar de ella totalmente. El problema,
por tanto, no es tan difícil como podría parecer, con la ciencia solamente —y solamente:
está resuelta a avanzar en detrimento de una
religión que no se reduce a su propia caricatura
seudo-racionalista. Con las ciencias ocultas,
el problema resulta arduo, pero capaz de una
solución equitativa y fecunda.

18.- De la ciencia a las ciencias ocultas y viceversa,
la neo-ciencia que restaura la ciencia tradicional y la respeta en su entera pretensión,

participando en todo, constituye una de las tareas de la Franc-masonería. Así se reconoce no como adversaria sino como auxiliar de la verdadera Iglesia, y de todas las verdaderas ciencias. A la Franc-masonería, como a toda sociedad de iniciación natural, le queda por completar ciertos puntos de la ortodoxia: ortocosmia, ortocosmología, ortogénesis.

19.- La filosofía y el estudio de la naturaleza son las únicas actividades que, sin ser específicamente religiosas, pueden ser admitidas por la religión, pero no sin relación con ella: mejor debiera hablarse de filosofía natural —o de ciencias ocultas con su saber y sus límites tanto en ciencia como en neo-ciencia— y de filosofía de la naturaleza. En una filosofía de la naturaleza que corona y comprende la filosofía natural consiste el ocultismo. La iniciación le da acceso. Lo esotérico, que libera la iniciación natural, conduce al interior de la naturaleza y del hombre, a sus secretos. También, las Escrituras sagradas. Y del hombre y de las Escrituras sagradas, en tanto que se trata de una revelación natural donde la gestión procede del hombre y en tanto que el hombre es, en parte, de la naturaleza y

que de su esfuerzo natural se debe servir la
apertura del hombre hacia Dios. (Sólo el don
de Sí-mismo en el hombre permite al hombre
de perfección su acercamiento a Dios, donde
Saint-Martin ve la iniciación perfecta).

20.- En el origen de su institución, la masonería
es fundada sobre las ciencias y las artes li-
berales, pero especialmente sobre la quinta
de éstas, que es la geometría. Este saber de
la geometría, o arquitectura, atestigua la estructura platónica de las ontologías arcaicas y
tradicionales al mismo tiempo que el carácter
arcaico y tradicional de la ontología masónica.
La historia legendaria de la Franc-masonería
relata el mismo saber de los egipcios, de los
discípulos de Pitágoras, de los druidas, esenios
y cabalistas. Y la historia inscribe la ideología
de la Franc-masonería moderna en el movimiento de la filosofía oculta del Renacimiento
que Frances Yates analizaba en una filosofía
hermética cristiana, con una mezcla particular
y rosicruciana de magia y de ciencia. La Ortocosmia, tanto en Oriente como en Occidente,
se adapta de la misma alquimia cristianizante y
Campanella organizaba en Roma para el papa
Urbano VIII, quien los introdujo, ritos mágicos.

21.- La ciencia en cuestión, la ciencia masónica, ¿no contendría también, o así, fragmentos lejanos, sin dudar que estén desaparecidos, de lo que Clemente de Alejandría toma como objeto de las tradiciones secretas de los apóstoles? Esta ciencia es específicamente cosmosófica suministrando un fondo de misterios; trata del descenso (Encarnación) y de la subida (Ascensión) del Cristo a través de las esferas celestes y de la experiencia del creyente que conoce, del gnóstico, cumplida por la imitación, por la identificación, y de esta forma, análoga. Esta experiencia verifica, y vivifica, un saber teórico en la prolongación de las mismas tradiciones inter-testamentarias que los apóstoles habrían mantenido en el seno del judeocristianismo y que la cábala distribuirá en dos grandes categorías: el principio, o el Génesis (que es también el Logos o la Sabiduría principales), y el Carro, o viaje visionario. Como continuidad de un esoterismo judío de los tiempos relativos al dominio muy definitivo de los secretos del mundo celeste, las tradiciones secretas de los apóstoles desvelan en el cristianismo, y según la feliz fórmula de Jean Daniélou, el misterio del Cristo en sus dimensiones celestes y angélicas.

22. Los procedimientos de concentración, meditación y contemplación que, tanto en el judaísmo
y en el islam como en el cristianismo, apuntan
a la unión estática con la Divinidad ¿revelan
esa ciencia? Y procedimientos similares en la
forma si no en la intención no se encuentran
ausentes de ninguna religión de la naturaleza,
de ninguna cultura que deje un lugar para
la iniciación. Entre la ciencia admirable de
Descartes que la busca en vano y de Newton
que cree haberla encontrado en la arquitectura
sagrada, la aritimosofía, el apocalipsis y la alquimia, y por otro lado la mística, ¿dónde está
la frontera? Y si está en las formas inferiores de
la mística (inferiores decía Philippe de Félice,
digamos elementales) y si, muy probablemente,
los misterios están (sea bajo su forma primitiva
y ceremonial, sea, a continuación, bajo su forma
depurada y elaborada por los filósofos), ¿cuál
es su relación con la mística del apóstol Pablo y
de los Evangelios (suponiendo que esta mística
esté indemne de teosofía)?

23.- La economía divina que tiene por objetivo la
transfiguración de lo creado implica la política
y lo social. La revelación natural, la pedagogía
mistérica también.

24.- La Franc-masonería enseña la ciencia. ¿La letra inicial "G" está en el corazón de su estrella llameante? Pero esta "G" sólo designa la gnosis como geometría, significación primera históricamente de la inicial, y doctrinalmente radical. La ciencia masónica, arte de la masonería, arte de la geometría, gnosis masónica, gnosis simbólica, es una ciencia tradicional y se opone según el espíritu, que fija una mentalidad, a la ciencia moderna. Es auxiliar de la liturgia, es transmutable como es ordenada, al segundo grado, en la transmutación. Es, en cambio, conforme al espíritu de los ritos de apoyarse en los sacramentos y de conducir allí a aquéllos que ignoran a veces hasta su nombre. Se encuentra en el espíritu de los sacramentos el recuperar los ritos o, al menos, su producto y encaminar allí a aquellos que deseen efectuar tales aplicaciones particulares de la vía litúrgica. La mentalidad mística, sin embargo, no es la mentalidad mistérica. La revelación natural no sabría conducirla, ni, para un cristiano, extraerla de la jerarquía.

25.- Misterios y no mística: platonismo de los símbolos geométricos, hermetismo, reforma general promulgada por los Rosa+Cruz de la

ciencia y de la religión —entendámonos: en
sus relaciones mutuas— son los ingredientes
que hacen al cientifismo y al racionalismo mate-
rialista: una razón sin Dios que la ilumine, una
ciencia que olvida el desorden de las relaciones
del hombre caído con la naturaleza y así también
la función sacerdotal, que persiste, del hombre
hacia el mundo; luego se compondrá en una
religión con pretensión historicista abusiva.

26.- El lugar de la alquimia es, en relación a la
religión cristiana y a la Iglesia, análogo al de la
Franc-masonería, que es esencialmente ritual.
Maurice Aniane ha sido el primero en discernir
esta situación teológica y lo hace inspirándose.
La alquimia es una ciencia sacrificial de subs-
tancias terrestres, una aplicación psico-cósmica
del cristianismo, con o sin la letra. Tiene un
rol mayor en la religión convertida, por perversión, en a-cósmica, es decir, en anti-cós-
mica. La alquimia es, por tanto, una ciencia
sacramentada (no sacramental); ella sueña con
una naturaleza transfigurada, recuerdo del
Edén, y la espera de la parusía en el corazón
del hombre, el ser central y consciente de la
creación. El alquimista celebra analógicamente
una misa donde las especies son la naturaleza

entera; la alquimia sigue una doble lógica de la reintegración, y de la guerra y el amor.

27.- La alquimia es también una ciencia cosmológica que jamás ha pretendido ser autosuficiente: siempre ha estado subordinada a una vía de unión propiamente espiritual, que trata (ejemplos de Maurice Aniane) de la parte sacerdotal de la tradición egipcia, del sufismo, del hesicasmo bizantino, o de la gran mística intelectual occidental hasta el Maestro Eckart y Angelus Silesius. Estas consideraciones (que reclaman un mejor discernimiento de la teología inherente a la alquimia bizantina y siriaca) son extrapolables al plano de la Franc-masonería.

28.- El reencuentro de la alquimia y de la Franc-masonería en la historia, durante el curso de cuatro siglos, transformó sin razón, a ojos de algunos, la analogía en una identidad. La alquimia, de hecho, no es la clave de la Franc-masonería a pesar del objetivo último al que tienden conjuntamente de un mundo deificado por un hombre deificado, con la toma de conciencia, de una parte, de la luz incluida en el hombre y en la naturaleza, de otra y en correlación, que esta luz es transparente a la luz de Dios que la crea. El método alquímico puede ser utilizado por el método masónico, no reduciéndose este.

29.- La magia, ella, es inherente a la Franc-masonería; sus ritos son mágicos por definición. El aprendizaje masónico, que contiene de la ciencia y la magia, puede dirigirse a la ascesis y la magia a la teúrgia. Algunos lo desean y volvemos al corazón de la problemática del Templo y de la Iglesia

30.- Si la letra del masón es y reside en la letra inicial de "Geometría", la palabra del masón, aquélla sobre la que fija el juramento de secreto y cuya transmisión es ceremonial (de ahí la obligación que conlleva y las ceremonias que le son propias) está compuesta de los nombres de las dos columnas del Templo de Salomón: Jakin y Boaz. Además de que estos nombres refieren la acción del Gran Arquitecto del Universo y que dichas columnas se levantan a las puertas del Templo, estas columnas allí, como todas las columnas, simbolizan también el eje sagrado, el árbol de vida ígnea del binario. Todo milagro, en efecto, en la naturaleza va del uno al tres por el dos. El iniciado aprende a conocer y a encontrar ese tercer término que hace volver a la unidad.

Luz

31.- La gnosis en cuestión, o la ciencia masónica en varias disciplinas, no es la gnosis apofática [negativa], que completa todo conocimiento, donde "en Tu Luz vemos la Luz": Es la experiencia de la luz increada, mientras que la luz masónica, como la piedra filosofal, es la luz creada, que es <u>de</u> Dios sin ser Dios. "Hiram es la sabiduría adquirida, Salomón es la sabiduría recibida" (Mgr. Germain de Saint-Denis).

32.- Gnosis subordinada pues; o bien esta gnosis incompleta cambia al humanismo laico, como la ciencia escapando a la filosofía de naturaleza deja de ser filosofía natural para cambiar al cientifismo. La Franc–masonería tiene el derecho de ser un gnosticismo, a condición de limitar la ambición. La mitología gnóstica posee una función transformadora (no transfiguradora) en el orden de lo simbólico (no en el del Ser). Se trata de una mitología, no de salvación ni de liberación, sino de pasaje.

33.- Es la intuición y la paradoja de un gnosticismo, masónico por ejemplo, que las rigurosas estructuras cosmológicas, sociales y antropológicas de este mundo obtienen su origen de

la ambigüedad y del desorden comprendido
con la ayuda de los símbolos. Y de símbolos
ginecológicos. El periodo liminal se encuentra
señalado por un largo uso de símbolos feme-
ninos, mientras que el estado de salvación
por venir, y de liberación, está marcado por
símbolos de masculinidad.

34.- La religión gnóstica está fundada sobre una
tensión entre el espíritu y la materia. La Sophia es el símbolo de la caída, unas veces
como iniciadora y otras como iniciador. La
feminidad resulta esencial en la creación, y
comprende a la humanidad, "que se revela
finalmente en la maternidad de la Virgen y en
los esponsales de la Iglesia" (Louis Bouyer).
Los misterios orgíacos son una degeneración
del culto dado a la Sabiduría, como el culto
sádico del esperma es también una perversión
tanto del culto dado a la luz creada como de la
inmersión en la luz increada. La feminidad es
esencial en la creación. La Tierra es la Sophia
cósmica, principio femenino del mundo creado
que llama a la divinización. La Sophia como
criatura está orientada hacia el cielo, pero la
Sophia caída es exorcizada por la Encarnación.
La doble tentación a combatir: transferir el

trágico sofiánico en Dios mismo (y a veces, correlativamente, satanizar la Trinidad en cuaternidad); no desenmascarar la sabiduría de abajo, es decir, que está en lo bajo y viene de lo bajo "terrestre, sensual, diabólica", escribe el apóstol Santiago; caída, en una palabra, y confundirla, de derecho o de hecho, con la sabiduría creada que está en lo bajo pero viene de lo alto, la cual de golpe, perdería, a nuestros ojos, su realidad al mismo tiempo que su espíritu y su verdad.

35.- Síntesis de San Máximo el Confesor. Dios atribuye al primer hombre la función de unir en él el conjunto de la creación y al mismo tiempo de atender a la perfecta unión con Dios y conferir de esta manera a la creación entera el estado de deificación. Debía primeramente suprimir en su propia naturaleza la división en dos sexos, siguiendo la vía impasible según el arquetipo divino. Estaría entonces en posición de reunir el paraíso y el resto de la tierra, puesto que, llevando sin interrupción con él el paraíso y estando en comunión con Dios, podría transformar la tierra entera en paraíso. Después, debía coronar las condiciones especiales no solamente en su Espíritu sino en su cuerpo, reuniendo los cielos y la tierra, la totalidad del Universo sensible. Habiendo pasado los límites de lo sensible, volvería a penetrar en el universo inteligible con un saber igual al de los espíritus angélicos, a fin de unir en él los mundos inteligible y sensible. Por último, sólo Dios le quedaría en lo exterior, por lo que bastaría al hombre con darse por entero a Él en un total abandono de amor, y así retornar a Él la totalidad del universo creado, reuniéndolo en su Ser. Dios se daría entonces recíprocamente al hombre que desde ese momento poseería por gracia todo lo que Dios posee por naturaleza. Pero Adán falló al cumplir con su deber de deificación de sí mismo y del universo. Por lo tanto, se impone la intervención de un segundo Adán, del nuevo hombre, el Cristo.

36.- Siguiendo la síntesis de Máximo el Confesor. Es impuesto un segundo Adán. Por su nacimiento de la Virgen María, el Cristo ha suprimido en el hombre la división de lo masculino y lo femenino. Sobre la cruz, ha unido el paraíso y la tierra del hombre caído. Después, pasando a través de las esferas, ha unido el mundo espiritual al mundo sensible. Finalmente, semejante nuevo Adán cósmico, presenta al Padre todo el universo restaurado en él, uniendo lo creado y lo increado. San Filoteo comentará que la Sabiduría se ha edificado una casa, es decir, que la Sabiduría del Padre se ha preparado la más pura carne de la Virgen asumida por el Verbo.

37.- Sophia —Sabiduría—, después Sophia increada y Sophia creada donde aquella se refleja, y forma el alma del mundo. La hipótesis de Boulgakov es demasiado audaz por ser inaceptable en su integridad, e induce a la reflexión de las verdades y de los abusos a discriminar en el progreso de la reflexión. Persigamos entonces con el autor: la unidad de las dos Sophias, o de los dos aspectos respectivos de Sophia, haciendo el panenteísmo (todo está en Dios, pero no todo es Dios). Su diferencia, o la diferencia de los aspectos de Sophia, hace la temporalidad, la historia y una parte de lo que Boulgakov denomina "la filosofía de la economía" (otra forma del plan divino). En todo caso, para los Padres, la Sophia creada participa de la gloria de la Sophia increada e identifica bien al Espíritu Santo, bien al Logos. Ya, para Pablo, la creación es glorificada y unida en Cristo, y esto es la Sabiduría.

38.- El zen y los procesos análogos, muestran la luz creada. De donde, observa Olivier Clément, aprende a ver y reposa sobre la sacramentalidad del cosmos. Pero ésta sólo existe para volver transparente la luz increada. Después de haber descrito el simbolismo cósmico del templo mosaico, Clemente de Alejandría, Juan Crisóstomo, Théodoret de Cyr, en la línea de Filón, explican que el mundo físico no es a su vez más que una realidad simbólica ofrecida al espíritu en busca de realidades más altas.

39.- "El divino Denys atestigua que todas las criaturas no son sino espejos que nos reenvían los rayos de la divina Sabiduría. Así los sabios de Egipto pretendían que Osiris, habiendo confiado a Isis la carga de todas las cosas, impregna, invisible, el mundo entero. Esto ¿podría significar otra cosa que la penetración íntima del poder del Dios invisible en el seno del Universo?" (Athanasius Kircher, 1.601-1.680). Pero la verdad completa, la Luz entera es la luz sin forma, la Santa Trinidad, sujeto y objeto no tanto de los misterios sino de la mística.

40.- "Los procedimientos de los antiguos taumaturgos, de aquéllos que se han venido a llamar magos o de los adeptos, gracias a los cuales se ha perpetuado un poco de la luz original puesta por el Padre en la creación": este es el ocultismo según uno de sus maestros cristianos del siglo XX, Sédir. Espíritu universal, luz, sí, y también alma del mundo. Luz de la naturaleza, escribe Paracelso: la naturaleza con su luz están para reintegrar. Paracelso evita, en su clase, el lenguaje de la religión que sin embargo sigue, pues quiere restituirle su vector cósmico cuyo primer segmento comienza por el ocultismo, y el lenguaje de una religión descarnada dejaría la maniobra mágica al servicio de la piedad. Existe también una luz astral que se eleva de la Sophia caída, y ciertos ocultistas, víctimas de la ambigüedad que debe picar piedra, la substituyen por la luz que destaca, a fin de cuentas, a la del Verbo-Sabiduría, según el Génesis y según San Juan. Más generalmente (pues ello va también por el budismo zen y el yoga hinduizante), que algún prestigio nos parezca manifestar la misma luz creada, esto es, según san Gregorio Palamas, el efecto de un giro favorito del diablo. La hipótesis jamás se puede eliminar de entrada.

41.- Los últimos nombres de los modernos citados llaman a una doble observación: ¿es un
azar si los enviados de Dios en cualquier for-
ma-extracanónicos, desde Alberto el Grande y
Raimundo Lulio hasta Martines de Pasqually
y Böhme, desde Saint-Martin y Cagliostro a
M. Philippe y Papus (por quedarnos en el
círculo familiar), es un azar si esos apósteles
de la moral evangélica lo fueron también de
la revelación natural, si estos amigos de Dios
se mezclan a menudo de ciencias tradicionales tanto como de caridad y si, en tiempos
oportunos, tienen otros lazos, que no son
heterogéneos, con la Franc-masonería? ¿Sería
otro azar si los agentes de Satán se privilegian
—hecho patente— de las mismas formas?

42.- Límite extremo de este capítulo: Padre, Verbo y
Espíritu son la triple luz de la Divinidad, donde
toda la creación recibe la luz. Los ángeles son
luces secundarias. La naturaleza intelectual
del hombre es también luz. La imagen divina
en el hombre se obscurece de hecho por su
separación de Dios. La recuperación de la luz
plena está pues ligada a una nueva iluminación,
donde, como dice Gregorio Palamas, adviene
cuando el hombre se ha revestido del hábito

de la luz del que se despojó cuando desobedeció a Dios. Esta luz es la gracia y la energía increadas de Dios. La experiencia mística de la deificación (que no se da sin relación con la plegaria continua), es la visión de la luz divina. Esta luz no es un medio creado ni un símbolo de la gloria divina, sino una energía increada, en efecto, derivada de la esencia de Dios, su gracia. Pero lo Superior no destruyó ni descalificó lo inferior, cuando se le ordenó, y en el mismo sentido: es quien lo ordena por el contrario y le da sentido.

COSMOS E HISTORIA

43.- Religiones fundadas sobre la naturaleza, religiones fundadas sobre la historia —luz creada y luz increada para contemplar—. Mircea Eliade ha vivido el drama de un conflicto o de una confusión, y ha intentado aclararlo; así pues se ha concluido de forma contradictoria sobre su "arcaísmo" y sobre su cristianismo. Douglas Allen ha trazado las líneas de perspectiva de una inteligencia. La ontología arcaica del comienzo, en estado puro, por así decir, eminentemente en la India. Los místicos hindúes, esforzándose por abolir el tiempo profano y la historia, han admitido que la unificación y la conmistión del universo, concebidas en función de los ritmos de la naturaleza y de otros fenómenos cósmicos, no constituyen más que una fase intermedia e imperfecta. Es un estado que debe ser superado si se quiere alcanzar la transcendencia de la condición cósmica como tal. Sólo una religión cósmica podría dejar acceder al absoluto transcendente desde lo que es finito y limitado, a la conciencia de una libertad no condicionada, que no existe en ninguna parte del cosmos. Se puede ver el paso adelante, o ver también el paso que queda por dar. (Estemos atentos y la fórmula del padre Jules Monchanin, en lugar de derrotarnos, nos guiará: el Espíritu sopla en India (sopla donde ve), pero la India apenas conoce al Padre y al Hijo. Osaría forzar un resumen aún: en la India falta la Santa Trinidad, no, no más enigma, sino solución en forma de misterio. Y la India sólo es aquí para nosotros un ejemplo, incluso si se le permite ver un ejemplo privilegiado. Monchanin añade que el Occidente cristiano se preocupa muy poco

del Espíritu. Yo pongo en contraste la fidelidad de la Iglesia de Oriente y de su "teología
mística").

44.- Las expresiones religiosas occidentales que más
le interesan a Eliade son las que se sitúan fuera
de las grandes corrientes religiosas históricas:
el misticismo, la alquimia, el folklore de la Eu-
ropa del Este. Eliade afirma su esperanza en
un cristianismo renovado gracias al aporte del
cristianismo cósmico. Sabemos en lo sucesivo
que los aspectos ontológicos y cosmológicos
del cristianismo le pertenecen por derecho,
pero que sólo la revelación a la vez personal e
histórica funda, justifica y explota exaltándola
la revelación natural. Cuando el judeo-cristianismo es anti-cósmico, se falta a sí mismo; esto
sería traicionarlo y prevenir su rehabilitación
más que rechazar el cristianismo histórico para
hacer de una antología arcaica y antihistórica la
esencia misma del cristianismo histórico. Todo
sea el caso, la Franc-masonería, con su religión
de naturaleza y su filosofía de naturaleza, no
tiene ninguna autoridad para erigir en absoluta
una revelación cósmica. Ese lugar queda libre a
la teología historicista, que no tiene sin embargo
más derecho a imponerse en logia.

45.- El antropocentrismo bíblico es responsable de nuestra actitud tiránica cara a la naturaleza, y del cientifismo correlativo. Esto que se tiene por seguro, incluso evidente, no es verdad, en una época y un ambiente cultural determinados, más que en virtud de una comprehensión torcida de la Biblia, corolario de una evolución moderna del cristianismo, teología e Iglesia. En realidad, el hombre y la naturaleza, cara a cara según la Biblia, sólo se determinan a ojos del historiador: de otro modo en el contexto bíblico y en la tradición post-bíblica, así como en la Edad Media y el Renacimiento, en Occidente. De otro modo, por último, en el reencuentro del judaísmo y el cristianismo con el pensamiento griego, sin olvidar que la cristiandad oriental incluye también, y en primer lugar, la Iglesia de Antioquía, donde se efectúa otro reencuentro: el del judeo-cristianismo con un pensamiento fundamentalmente semítico que reactivó y enriqueció el judaísmo bíblico y post-bíblico del cristianismo. (Punto de antagonismo, sin embargo, pero un acuerdo frecuente y una complementariedad de los Padres griegos y de los Padres de lengua siriaca).

46.- También lo contrario es verdadero; por el efecto de una reacción que corresponde al fruto de una evolución diferente, el antropocentrismo bíblico es responsable de la llamada actitud ecológica, es decir, de la actitud laica y naturista, tendente a la sacralidad, que parodia nuestra vocación al sacerdocio cósmico.

47.- Esta vocación que es, después de todo, fruto del más fiel y más justo desarrollo de la revelación bíblica, de su desarrollo tradicional, entroniza al hombre en esposo y sacerdote de la naturaleza, en dios de la naturaleza, llamado a convertirse en Dios y, por su propia deificación, a deificar la naturaleza.

48.- La Biblia ha desacralizado la naturaleza; y el lugar ha quedado para la ciencia. Ciencia y técnica modernas desmitifican, se dice, las antiguas mediaciones cómicas. Mejor sería decir que la Biblia ha demolido el ídolo de la naturaleza. Pues sólo se trata de dejar lugar a la transfiguración del mundo por el hombre liberado de los ciclos cósmicos. Las mismas ciencias del mundo, lejos de ser evacuadas, están acantonadas y cargadas de misión. El desencantamiento del mundo significa, ni más ni menos, que lo Sagrado no es lo Santo y que lo Santo dispone de lo Sagrado.

49.- Así, en Franc-masonería, el hombre no cristiano tiene en parte y a lo mejor en este mundo su rol de cristiano, es decir, de hombre según la antropología cristiana (y también, como se entreverá, según el judaísmo y el islam). El cristiano reconocido, practicante, tiene mejor y más pleno este rol. El cristianismo, según Eliade, es la hierofanía suprema. Es también la teofanía suprema. Debe empuñar los dos extremos de la cadena, donde la Franc-masonería y la Iglesia aparecen como vínculos.

50. El Verbo se da al hombre en las cosas. Louis-Claude de Saint-Martín había considerado el título Revelaciones naturales para la obra que finalmente tituló Del espíritu de las cosas. James Anderson, en 1.723: Si se entiende bien el Arte —declara el artículo primero de las primeras constituciones de la Franc-masonería moderna—, el franc-masón reconocerá, en suma, la existencia, con las exigencias que ello conlleva, del Gran Arquitecto del Universo. Todo está hecho de forma escrituraria. Así, Pablo: "Los invisibles de Dios, su eterno poder y su divinidad, se han hecho visibles después de la creación del mundo, cuando se les considera en sus obras. Son pues inexcusables, ya que,

habiendo conocido a Dios, no le han glorifi-
cado como a Dios, ni le dieron gracias; sino
que enajenados de vanos razonamientos, y su
corazón sin inteligencia han sido arrojados a
las tinieblas. Se envanecen de ser sabios y se
han convertido en locos" (Romanos I, 20-23).
Locos, es decir, idólatras, y el ateísmo prueba
una forma de idolatría.

51.- La realidad primordial es la primacía del espíritu. La naturaleza es un sistema de apariencias
y de imágenes que reflejan un orden metafísico:
Platón, por supuesto, pero también Dionisio el
Areopagita, la cábala, el hermetismo, la alquimia.... sin distinguir el platonismo filosófico de
un Plotino y el platonismo Mágico de Jámblico
y de Proclus, de Thomas Taylor por un lado y
de Yeats por otro. Añadamos, con la tradición
judeo-cristiana, que realiza el platonismo, que
este mundo no carece de una cierta densidad:
quizás, más de cosmosofía, en el sentido cristiano
de sofiología[2]. Realizar el platonismo vuelve hacia
él "dando consistencia" (Jean-François Var).

---

[2] La sofiología (del griego Sofía, sabiduría) es un desarrollo teo-
lógico cristiano concerniente a la Sabiduría de Dios. Fue principal-
mente desarrollada por Serge Boulgakov, influenciado por Vladimir
Soloviev. (N. del T.).

52.- Entender bien el arte de la masonería o de la arquitectura, o de la geometría, que es el arte universal, como el arquitecto del renacimiento es el <u>uomo universale</u>, tiene un valor pedagógico para el no cristiano, tiene valor pedagógico también para el progreso del cristiano en el seno del cristianismo.

53.- El hombre no puede ser salvado por el universo, por el contrario, él es responsable para con el mundo. Él puede salvar al universo por la gracia. En tanto que <u>logos</u>, palabra, de un <u>logos</u> mudo, de una palabra muda, pues el cosmos ha tomado un aspecto nocturno, pero el Cristo ha abierto, reabierto la vía de la deificación, y el cristiano es, aquí como allí, otro Cristo. "Otro Cristo": Tertuliano, no obstante, lo deja de forma ambigua en relación a Pablo que afirma: "Este ya no es el yo que veis, es Cristo que vive en mí". Digamos así pues mejor: el mismo Cristo, o un "pequeño Cristo".

54.- "El Gran Arquitecto del Universo concibe y realiza un ser dotado de dos naturalezas, la visible y la invisible: Dios crea al hombre, sacando su cuerpo de la materia preexistente que anima de su propio Espíritu (...). Así nace

de alguna manera un universo nuevo, pequeño y grande a la vez. Dios lo coloca sobre
la Tierra (...), este adorador mezclado para
contemplar la naturaleza visible, ser iniciado
en lo invisible, reinando sobre las criaturas de
la tierra, obedeciendo las órdenes de lo alto;
realidad a la vez terrestre y celeste, inestable
e inmortal, visible e invisible, encontrándose
en medio de la grandeza y de la nada, a la
vez carne y espíritu (...), animal en ruta hacia otra patria y, lleno de misterio, semejante
a Dios por un simple consentimiento de la
voluntad divina" (Máximo el Confesor, trad.
Olivier Clément). El hombre en este mundo
tiene vocación de artesano, de caballero y de
sacerdote. La Franc-masonería hace un artesano y un caballero; le prepara para recibir
o ejercer el sacerdocio universal, del que el
hombre nunca ha sido despojado, incluso a
recibir y ejercer el sacerdocio de la Iglesia, la
cual reúne los dones, las palabras seminales
esparcidas por todas partes.

55.- Lo mismo que en la naturaleza, el Verbo se
revela en un Libro santo que en masonería se le
dirá más bien de la Ley Sagrada. San Máximo
el Confesor añade a estos dos primeros grados

de la incorporación del Verbo un tercer grado que reconcilia los dos precedentes: la Encarnación. Pero no se debe hablar en logia hoy día (de lo que las primeras constituciones de la Franc-masonería moderna rinden testimonio). La Franc-masonería queda por debajo de este tercer grado: no ignora el segundo. El esfuerzo de inteligencia y cultura mistérica del mundo, que la Franc-masonería requiere de sus miembros, no tratará los libros sagrados, no importa la confesión que los reivindique místicamente, de forma distinta a la que trata la naturaleza: mistéricamente, es decir, descifrando los jeroglíficos. Esto que se podría llamar el esoterismo natural del texto escrito como del texto cósmico, y un esoterismo que penetra particularmente la cosmología y la antropología.

56.- La Torah, o Antiguo Testamento, y la tradición judía en sus diferentes ramas, desarrollan el simbolismo activo y cósmico del Templo y del hombre. Isaac Luriah analiza los tres momentos cabalísticos: Dios se retira y deja el sitio a su creación (tsim-tsum); ciertos recipientes no soportan la luz infusa y se rompen en trozos dispersos, como cortezas errantes de la luz que queda sujeta. La tarea de la humanidad consiste en el <u>tikkum</u>, que repara o restaura el mundo roto, mediante la recogida, sexual especialmente, de las chispas luminosas. El simbolismo del tiempo y del espacio, su potencia mediadora relativa y subordinada, se enriquece para Luriah de su carácter de entidades espirituales; el hombre incluso no las conocería si no se comunicara inconscientemente (para comenzar) con los espíritus angélicos. En todo caso, antes que los ojos de los iniciados contemplen los tiempos mesiánicos de la transfiguración de los mundos, el hombre tiene en estos mundos su lugar, en vista de la redención "inexorable" (Mopsik). "No es concebible considerar la construcción de este Templo de otro modo que con objeto de la manifestación tangible del 'Corazón Divino'" (A.D. Grad). Hacia este fin conspiran las dos funciones de la cábala teórico-práctica: conducir al éxtasis que procura la unión; celebrar los ritos de la teúrgia; cuyas funciones proceden, según Moshé Idel, respectivamente, de un punto de vista antropocéntrico y de un punto de vista teocéntrico.

57.- Las iniciaciones artesanales en el islam poseen una estructura ritual que ha valorado Louis Massignon, y se ligan tanto a las asociaciones fundadas sobre el pacto de honor caballeresco como a las cofradías místicas. Massignon también observa que Salman Pak, el persa de origen cristiano, es el iniciador, por excelencia, en sufismo y el patrón de las gentes de oficio. Ahora bien, al convertirse en musulmán, Salman no ha dejado, según Massignon, de ser cristiano. Es como un "cristianismo renovado" con purificaciones abrahámicas. Recordemos que en el islam sólo existen tradicionalmente las ciencias tradicionales.

58.- Los dos párrafos que preceden, relativos al judaísmo y al islam, quieren señalar el parentesco de las tres religiones abrahámicas, fundadas sobre la historia y sobre una historia en parte común; su eventual complementariedad; su contribución a la formación de ritos y de ideología masónica donde predomina la influencia propiamente cristiana; la oportunidad de considerar el parentesco, ver la complementariedad de sus problemáticas respectivas, se trata por sus relaciones con la Franc-masonería. (Sin prejuicio de su teoría y

de su experiencia, o cómo sean de diferentes,
de los dos ejes según los cuales los tres mono-
teísmos se edifican: la ley y el mesianismo).

EL GRAN HOMBRE

59.- "La masonería abraza la universalidad de las
ciencias y las verdaderas filosofías la consideran
con razón como el punto de partida de todos
los conocimientos del mundo primitivo" (*La
reunión de los extranjeros*, 1.784). La única
logia inglesa contemporánea que pretende un
objetivo esotérico (a saber, la Lodge of Living
Stones, al Oriente de Leeds), recuerda que la
Franc-masonería practica la fraternidad, la ayuda y la verdad. Pero que este último objetivo
es poco considerado. Sin embargo, más que un
sistema de moral, la Franc-masonería tiene a
bien por objetivo "las verdades escondidas de
la naturaleza y de la ciencia"; colabora con las
jerarquías celestes y tiene como fin el retorno
del alma a Dios; digamos la idea del retorno del
alma a Dios. Albert Pike, discípulo de Eliphas
Lévi y doctor del escocismo: "La masonería,
cuando es convenientemente expuesta, es, al

mismo tiempo, la interpretación del gran libro de la naturaleza, el compendio de fenómenos físicos y astronómicos, la más pura filosofía y el depósito donde se encuentran a salvo, como en un tesoro, todas las grandes verdades de la revelación primitiva que conforman la base de todas las religiones" (Dejemos el último término de la frase: es desorbitante). En masonería "está finalmente tanto el sabio Bacon, como el brahmán indio y el ministro fiel del cristianismo que vienen a tenderse la mano de asociación, estudiar hasta la saciedad, practicar esta ciencia universal donde todas las artes, todos los conocimientos humanos son los rayos, donde el hombre que es el objeto ofrece la vasta circunferencia y donde el centro emanador no es nada menos que el principio adorable que ha creado todo" (Hermano pastor Pierre de Joux, 1.801).

60.- "La iniciación masónica, *escribe Henri Tort-Nouguès*, no quiere salvar, sino despertar la consciencia del hombre, comprometiéndole en una búsqueda". Sí, contrariamente al sacramento y bajo reserva de calificar la búsqueda en cuestión como sacramental. Lo que dijo bien André Doré, al que sólo le falta Dios en la historia para parecerse a un Padre de la Iglesia: "La iniciación ritual arrastra al ser humano a un cara a cara permanente con el universo, consigo mismo, su pasado, su presente y su futuro". Y también: "La 'revelación primitiva' es una entrevisión accidental del universo de lo Real, de la energía sub-yacente al mundo fenoménico al que anima y condiciona". La Franc-masonería es la búsqueda de la palabra y la luz; la palabra es la de la construcción del Templo, y de sus constructores; la luz es la que reside en el Templo, y simbólicamente, difundida en la logia que trabaja en el Templo.

61.- De la Franc-masonería cristiana. Muy generalmente, la Franc-masonería contemporánea no es cristiana; la Franc-masonería moderna ha sido descristianizada según un proceso largo e imperfecto. Es deseable que los elementos cristianos en la letra que aún se mantienen desaparezcan. Es esta masonería de la que se ha tratado largamente con la que la Iglesia encuentra dificultades. Pero regímenes masónicos se proclaman cristianos. Es un caso aparte, a pesar de las interferencias, en la problemática de la Iglesia y la Franc-masonería. Estos regímenes, en efecto, imponen lo que la

Franc-masonería universal no impone, y habla de lo que según la Franc-masonería universal no se debe hablar en logia. Estos regímenes intentan realizar de forma expresa la articulación que perfecciona la Franc-masonería a los ojos de un cristiano. Porque la piedra angular del Templo masónico, la de los misterios o cultos de naturaleza, está a salvo de la idolatría; su piedra de fundación y su piedra angular es el Gran Arquitecto del Universo, y el pináculo, es la iniciación. Ahora bien, el cristiano sabe que más allá de los tipos y de los bocetos y de los embriones, el Cristo es la piedra de fundación, el Cristo es la piedra angular, el Cristo es aquél que ha sido alzado al pináculo del Templo; él es el Camino, la Verdad y la Vida. El Templo se ha completado, entonces, en la Iglesia. Si el cristiano franc-masón lo sabe, la Franc-masonería cristiana lo afirma y no confunde, por ejemplo, la resurrección en Hirán, que abre a una nueva existencia moral, con la resurrección en Jesús-Cristo, que confiere la vida eterna y deificante. Joseph de Maistre, partidario de un régimen masónico cristiano, propuso nada menos que admitir a candidatos que no profesaran el cristianismo, confiando en que la "ciencia del hombre" en el Régimen Escocés Rectificado (puesto que es de este sistema del que él participaba) hará del aprendiz masón un cristiano e incluso un católico romano.

62.- Imposible, en el cristianismo tradicional, ver al Cristo sin la Iglesia y a la Iglesia sin el Cristo; El Cristo está en la Iglesia y la Iglesia está en el Cristo. La Iglesia gran hombre, macro-anthropos, dicen los Padres. Hemos ido del Templo a la Iglesia. Vamos ahora de la Iglesia al Templo.

63.- La regeneración de la naturaleza humana en Cristo no la ha liberado únicamente de las ligaduras de la corrupción y de la muerte, así como de los ciclos cósmicos; la eleva por encima de su condición anterior a la caída, por la deificación y la orientación hacia Dios el Padre. La regeneración y la deificación de la naturaleza humana son cumplidas en Cristo y accesibles por los sacramentos de la Iglesia. Por estos medios, por la gracia del Espíritu Santo que ellos vehiculan, el hombre se vuelve en Cristo un vencedor del pecado, transciende el poder de la corrupción y de la muerte, y entra en la vida del cuerpo de Cristo, es decir, la vida de la Iglesia. Los sacramentos capitales, o aquéllos en los que la economía del Cristo se encuentra enteramente resumida, son el bautismo y la eucaristía. Por la virtud de su naturaleza y de su objetivo, la Iglesia constituye una "comunión de deificación".

64.- De la Iglesia al Templo, siempre. Por un ojo espiritual, dijo Isaac el Sirio, vemos los secretos de la gloria de Dios escondidos en los seres; por el otro ojo espiritual, contemplamos la gloria de la santa naturaleza de Dios. Y el mundo, dice Ephrem el Sirio, es "un océano de símbolos", cada símbolo siendo revelación de una realidad. Y entonces, Máximo el Confesor: "el misterio de la Encarnación del Logos contiene en sí todas las significaciones de las criaturas sensibles e inteligibles. Aquél que conoce el misterio de la Cruz y del Sepulcro conoce el verdadero sentido de las cosas, y aquél que es iniciado en la significación oculta de la Resurrección conoce el objetivo por el cual, desde los orígenes, Dios lo crea Todo". ¡Qué ayuda para el masón!

65.- La historia del mundo es una historia de la Iglesia, que es el fundamento místico del mundo. La cosmología toma también, en nuestros días, un giro eclesiológico, reforzando la cosmología cristológica de Máximo y de otros escritores antiguos. Vladimir Lossky alega la filosofía religiosa de Soloviev, o las cosmologías místicas (dice él) de Jakob Böhme, de Paracelso y de la cábala, que están asociadas a las ideas sociales de Fourier y de Augusto Compte; Fedorov y el socialismo cristiano milenarista; Boulgakov, el sofiólogo. Para estos autores la Iglesia es el cosmos y el cosmos está descristianizado. Pero Florovsky ha criticado justamente a los filósofos religiosos del siglo XIX y, corrige Lossky, el cosmos no es la Iglesia. El cosmos tiene vocación de ser la Iglesia en vista del eterno reino de Dios, en la consumación de los siglos. La Iglesia es el gran hombre.

66.- Por último, es la Iglesia la que es el Templo. La Franc-masonería ¿por qué no estaría comprendida allí, ya que comprende idealmente el Templo? La Iglesia y el universo están llamados a identificarse. Pero la Franc-masonería, si colabora en edificar el Templo, es la logia, y la logia no es el Templo. Ella le pertenece sin duda, pues le linda y él es su primera y su última preocupación; "escuela sucursal", decía Pierre de Joux. Finalmente, el Tem-

plo que está aún por construir coincide con la
Iglesia, lo mismo que allí deben reencontrase el
cosmos y la humanidad -¿no son Templos ellos
mismos? Después de la creación del cielo y de la
tierra, según el Génesis, el advenimiento, según
el Apocalipsis, de los nuevos cielos y de la nueva
tierra. Nosotros nos encontramos entre los dos,
con la Franc-masonería, el Templo y la Iglesia.

NOTA DEL AUTOR: Estas notas son preparato-
rias para un libro que aparecerá, Dios mediante, bajo el
mismo título. Ha parecido oportuno e incluso necesario
publicarlas in extenso, desde ahora, tal cuales, tan urgente es la gravedad del problema en cuestión. Ahora bien,
este problema es muy delicado. Después de un muestreo
publicado en la revista *l'Autre Monde*, en 1.990, he co-
municado luego estas notas a varios corresponsales a los
que concierne o interesados, para su uso, pero sobre todo
reclamando sus observaciones, de las que he tomado buena
nota: gracias especialmente a Ch. G., Cl. G., J.-F. V. Hoy,
con este opúsculo, que aparece primeramente en folletín
en la revista *L'Esprit des Choses* (n° 4/5 —1993—a l n° 7
—1.994—), en el seno de un círculo más extenso, pero
también especializado, es al público, como se dice, al que
solicito la crítica de estas notas.

EL ORIENTE ESPIRITUAL EN EL RITO ESCOCÉS RECTIFICADO

Jean-François Var

"Hermanos míos, <u>he ahí el Oriente</u>: la Luz comienza a extenderse sobre nuestros trabajos. Dispongámonos a continuarlos en cuanto el Venerable Maestro nos faculte y de la orden"[1].

Acabáis, acabamos todos, de oír esta invitación del Primer Vigilante que ha marcado el punto de partida de nuestros trabajos. Y todos, oiremos, *in fine*, la advertencia del Venerable Maestro, que marca el punto final de estos mismos trabajos y que hace directamente eco a la invitación inicial:

"Hermanos míos, cuando para perfeccionar vuestro trabajo, busquéis la Luz que os es necesaria, recordad

---

[1] Ritual Aprendiz del RER.

siempre que la hallareis en Oriente y que sólo allí la
podréis encontrar"[2].

Hermanos míos, el ritual —fórmulas y gestos— para
poder funcionar eficazmente, debe llegar hasta lo más
hondo del hombre que lo practica, de forma que esté
totalmente integrado por él y en él. Para conseguirlo, no
hay otro método que la repetición incansable. Pero este
método, que repito, es el único, puede sin embargo faltar
a su objetivo. Si éste no va acompañado de una atenta y
despierta atención, es decir de una actitud vigilante, esta
repetición degenera en psitacismo, o lo que es lo mismo,
en la reproducción puramente sonora y verbal a la que se
libran los papagayos: las palabras se deslizan por sí solas,
encadenándose mecánicamente unas a otras, y durante este
tiempo los pensamientos vagabundean bien lejos de allí. El
sentido del ritual no aflora entonces a la conciencia, siendo
su eficacia poco más que insignificante, y en consecuencia,
la práctica del ritual se convierte en inútil y vana.

Otro riesgo que nos acecha: la atención exagerada
llevada exclusivamente al exacto desarrollo del ceremonial, considerado únicamente bajo su aspecto técnico. La
actitud, en este caso, no es pasiva, sino que es totalmente
activa y responde incluso a una loable intención. Pero sin

---

[2] *Ibid.*

embargo no deja de ser errónea, pues también deja de lado el sentido del ritual. Ahora bien, la importancia esencial del ritual, incluso me atreveré a decir su justificación, es el sentido que le demos todos aquellos que tomamos parte de él, sea activamente como ejecutantes, sea pasivamente, como candidatos. Su sentido: es la significación que reviste para nosotros, es la orientación que nos da. Y henos aquí por ello mismo llevados a Oriente que es el tema tratado al principio de esta exposición.

¿Cuál es pues este Oriente, y cuál es la luz que de él emana?

¿Es una orientación geográfica, una dirección en la brújula (esta brújula a la que los ingleses llaman *compass* y nuestros marinos "compás")?, en una palabra ¿es el Este?

¿Es una región del globo —esta región subdividida en Próximo, Medio y Extremo Oriente?

Y esta luz de Oriente, ¿es la del sol amaneciendo? Nadie ignora en efecto que *"Levante"* y *"Oriente"* son sinónimos —bastará con recordar al hilo de esta exposición— y por tomar un solo ejemplo, lo que, bajo el rey Francisco I°, se llamaba las *"Escalas de Levante"*, eran las escaleras (= escalas) autorizadas por el Gran Turco en los puertos del Mediterráneo oriental.

A esta doble pregunta, los textos masónicos antiguos parecen aportar una respuesta afirmativa. Tomemos, por ejemplo, el manuscrito Dumfries n° 4, que data de alrededor de 1710 pero que vuelve a trazar prácticas operativas mucho más antiguas:

> "P.- ¿Cuántas luces hay en vuestra Logia?
> R.- Dos.
> P.- ¿Cuáles?
> R.- El sol que se levanta al Este y pone los hombres al trabajo, y se acuesta en el Oeste y devuelve todos los hombres al lecho"[3]

Esta frase evoca irresistiblemente, para aquél que frecuenta las Santas Escrituras, estos versículos del salmo 104, dicho *"salmo cósmico"*, que la Iglesia cristiana recita tradicionalmente en las Vísperas, y que se lee así:

> "Haces las tinieblas, y viene la noche,
> en la cual rondan las fieras de la selva.
> Los leoncillos rugen por la presa,
> buscando de Dios su comida.
> Sale el sol, y se retiran,
> y se echan en sus guaridas.
> El hombre sale a su trabajo,
> y a su labor hasta la tarde." [4]

Que haya ahí un recuerdo consciente o inconsciente del salmo no tiene nada de inverosímil, visto lo que por otro

---

[3] Villard de Honnecourt, n° 7, p. 55.

[4] Salmo 104, 20-23

lado sabemos de la educación religiosa de los Masones de los antiguos tiempos.

El mismo texto se hace mucho más preciso todavía:

"P.- ¿Dónde reposa el Maestro?
R.- En una pila de piedra, bajo la ventana del Oeste, mirando hacia el Este, y aguardando que se levante el sol para poner sus hombres a trabajar"[5]

La causa parece pues entendida, máxime cuando estas indicaciones corresponden exactamente a las condiciones de empleo de los obreros constructores tal cual son descritas en los textos medievales. Tomo por única prueba (pero los ejemplos abundan) las *"Ordenanzas de la catedral de Cork"*, editadas en 1370 por el capítulo de la iglesia de San Pedro:

"Ellos (= *los masones que trabajaron en las obras de la iglesia de San Pedro*) deberán estar (*en la logia*) desde que haya suficiente claridad para trabajar. Y permanecerán trabajando concienzudamente toda la jornada, en tanto que haya bastante luz para ver claro y poder trabajar"[6].

Todo esto encuentra a primera vista, un eco fiel en esta frase de nuestro ritual de apertura en grado de aprendiz, repetida sucesivamente por los dos Vigilantes:

---

[5] Villard de Honnecourt, n° 7, p. 61.
[6] Villard de Honnecourt n° 6, p. 127.

"De la misma manera que el Sol emprende su curso desde Oriente y expande su luz por el mundo, el Venerable Maestro se coloca al Oriente para conducir a los Hermanos al trabajo e iluminar la Logia con sus luces"[7].

Eco fiel, decía yo. ¿Es esto realmente cierto?

Una constatación debe llevarnos a reflexionar. Y ella es que el Maestro (el Venerable Maestro) no espera al sol para dar la señal de trabajo, como en la realidad profesional que acabo de describir o como en otros ritos o grados masónicos (pienso por ejemplo en la Marca); él es el sol, es de él que emanan las luces que iluminan la Logia. Lo que explicita este intercambio de preguntas y respuestas de la instrucción:

"P.- Explicadme el emblema del sol.

R.- Representa al Venerable Maestro, que ilumina a todos los Hermanos de la Logia con sus luces, al igual que el sol ilumina al mundo.

P.- Explicadme el emblema de la luna.

R.- Representa a los Hermanos Vigilantes, que, así como la luna recibe y refleja la luz del sol, reciben y reflejan la del Venerable Maestro sobre todos los Hermanos"[8].

---

[7] Ritual de Aprendiz del RER.

[8] Instrucción por Preguntas y Respuestas, ritual de Aprendiz del RER.

Todavía podría esto entenderse como una transposición de la realidad física y cósmica. Pero he aquí lo que va a obligarnos a sobrepasar este estadio.

En la apertura de los trabajos, al igual que en el cierre, el Venerable Maestro pregunta en tres ocasiones: *"¿Qué hora es?* En el primer caso, las respuestas son sucesivamente: *"la doceava hora"*, *"mediodía"* y *"mediodía pleno"*; en el segundo, *"medianoche"*, *"medianoche plena"*, y finalmente en el tercero, dice el ritual, *"la hora solar del momento"*.

Nada muestra mejor que es preciso establecer una distinción radical entre, por una parte, la hora solar, y por otra, lo que el ritual denomina mediodía y mediodía pleno, sobre el significado de lo que conviene preguntarse. La instrucción por preguntas y respuestas los califica de *"tiempos o intervalos en el día masónico"* y añade que cada uno comporta *"seis horas y un tiempo"*, por asimilación a las épocas de la creación del mundo y a las de la construcción del Templo[9]. No se puede hacer más tangible que el hecho que el *"día masónico"* es de naturaleza absolutamente distinta que el día físico, acompasado por la salida y la puesta del sol, y de la luna.

¿Quién ha visto nunca empezar un trabajo en mitad del día —mediodía— para acabarlo en mitad de la noche-medianoche? En todo caso, no los masones operativos

---

[9] *Ibid.*

precedentemente evocados. Es pues de otro tipo de trabajo de lo que se trata, de otro mediodía y de otra medianoche. Entramos ahí en otra cosa que el tiempo cronológico, el tiempo marcado por el reloj: en lo que llamaría un tiempo *"acrónico"*. Tiempo que no obedece a un desarrollo cronológico. Y el esplendor de la luz que nos ilumina es totalmente independiente de tal desarrollo.

Lo confirma otro pasaje de la misma instrucción:

"P.- ¿Qué habéis percibido cuando se os ha dado la luz?
R.- Tres grandes luces.
P.- ¿Qué significan estas tres grandes luces?
R.- El sol, la luna y el Venerable Maestro"

Estamos aquí en plena *"vulgata"* masónica.

Pero con lo que sigue, cualquier posible duda queda aclarada:

"P.- ¿Qué relación hay entre el sol, la luna y el Venerable Maestro?
R.- Al igual que el sol ilumina al mundo durante el día, y la luna durante la noche, de la misma manera también el Venerable Maestro ilumina, sin cesar, la Logia con sus luces." [10]

---

[10] *Ibid.*

Ilumina sin cesar la Logia con sus luces: he aquí una primera indicación, tenue pero indiscutible, de que no es de la luz física de lo que se trata en esta ocasión. El sol y la luna solo están a título de *"emblemas"* substitutivos —cuya presencia puede no obstante extraviar a espíritus superficiales e irreflexivos. Puede que ésta sea su función real. Ello es tan cierto que le sigue inmediatamente otro intercambio de preguntas y respuestas que empieza así: *"¿Qué más habéis percibido?*, sobre el que no voy a anticipar nada y al que quiero llevaros progresivamente y mucho más tarde, vista su importancia capital, ya que da la clave de todo.

Queda un punto por dirimir: que el sol y la luna brillen o no en el cielo, ¿a quién importa?; la luz de la que se trata ilumina sin cesar. Y ello es lo que nos evoca esta frase dirigida al candidato en el curso de la ceremonia de su iniciación:

"La luz es inalterable, no ha cesado ni un instante de brillar en todo su esplendor. Únicamente vos estáis en la oscuridad"[11].

Luego esta luz, de otro orden físico, ¿qué es?

Volvamos a nuestros antiguos textos. Ellos también nos aportan una segunda respuesta, que nos dice más sobre

---

[11] Ritual Aprendiz del RER, Capít. XV.

el particular. Lo que sigue está extraído del manuscrito Graham, que data de 1726:

"P.- ¿Por qué [la Logia está orientada] de Oriente a Occidente?

R.- Porque las iglesias están establecidas en sentido de Oriente a Occidente, con sus porches al Sur.

P.- ¿Por qué las iglesias están establecidas de Oriente a Occidente?

R.- Por cuatro razones.

P.- ¿Cuáles son éstas?

R.- Primeramente, porque nuestros primeros padres fueron instalados al Oriente del Edén; Segundo, porque el viento de Oriente secó al mar ante los hijos de Israel (Ex 14, 21): así el Templo del Señor debe ser construido; Tercero, porque el Sol se levanta a Oriente y se acuesta por Occidente sobre aquellos que habitan cerca del Ecuador (¿?); Cuarto, porque en Oriente apareció la estrella que advirtió a los pastores y a los reyes magos que nuestro Salvador se había hecho carne" [12].

Henos aquí provistos de tres preciosas indicaciones que vienen a añadirse a la indicación cósmica o meteorológica: el Oriente —y, en el caso que nos ocupa, el Oriente masónico, o para ser más precisos, el Oriente visto y concebido por los Masones— es, simultáneamente:

---

[12] Villard de Honnecourt, n° 6, pp. 145-146.

> ➤ el Edén, lugar de residencia de nuestros prime-
> ros padres, también dicho Adam, el hombre
> primigenio;
> ➤ una modalidad de la edificación, un trazado
> director del Templo;
> ➤ el signo de la natividad de Cristo, la encarnación
> del Verbo.

En definitiva, es un Oriente espiritual que nos es dado
a contemplar, y por consecuencia una luz espiritual que
va a iluminarnos en nuestros trabajos, lo que el Venerable
Maestro denomina con justa razón *"la luz más pura"*.

Esto también, nuestros antiguos textos nos lo enseñan
de la manera más explícita. Es deliberadamente que hablo
de *"antiguos textos"*, pues los dos que voy a citar reflejan la
práctica de la Gran Logia de los Antiguos, unánimemente
reconocida hoy como más tradicional que la Gran Logia
de los Modernos.

El primero es extraído de *The Three Distinct Knocks*,
Los Tres Golpes distintos (1760), ritual de los antiguos.
Podemos leer:

"P.- ¿Por qué vuestra Logia está dispuesta de Oriente
a Occidente?

R.- Porque todas las iglesias y capillas lo están o
deberían estarlo.

P.- ¿Por qué es esto, mi querido Hermano?

R.- Porque el Evangelio fue predicado primero en Oriente y se extendió de allí mismo hasta Occidente" [13].

El segundo extracto está sacado de la Guía de los Masones Escoceses, es decir, del ritual establecido por el Supremo Consejo de Francia de 1804 para sus Logias simbólicas, y que es la transposición a menudo literal del precedente. Encontramos pues de nuevo el extracto que acabamos de citar (y que yo ya había mencionado en mi conferencia de octubre en Niza). Luego:

"P.- ¿De dónde venís, Hermano mío?

R.- Vengo de Occidente.

P.- Y ¿a dónde vais?

R.- A Oriente.

P.- ¿Por qué dejáis Occidente y vais hacia Oriente?

R.- Porque la luz del Evangelio apareció primero en Oriente.

De todo esto, podemos sacar algunas primeras conclusiones parciales.

1. El Oriente no es solamente una región terrestre, es una región celeste. O quizá mejor, por decirlo

---

[13] Villard de Honnecourt nº 13, p. 123.

de manera más precisa y exacta, es el lugar del cielo en la tierra, a saber, el Paraíso. Paraíso que era el lugar de residencia de Dios en la tierra —la tierra primera y original, en todo el esplendor de su belleza, tal como salió de manos del Creador; igualmente el lugar de la habitación del hombre con Dios: del hombre primero y original, él también, en su *"estado primitivo glorioso"* (como dicen nuestros rituales rectificados), porque, creado a imagen y semejanza divina —como la doctrina del Rectificado proclama como consecuencia de toda la tradición cristiana, y ahí todavía, os refiero a mi conferencia de Niza— el hombre original, el *"primer Adam"*, en unión constante y perfecta con Dios, era copartícipe de la gloria divina. No olvidemos, que, en toda la Biblia, la *"Gloria"*, el Kabod, designa la manifestación luminosa de la Presencia actual de Dios —como en el Templo, que después de su dedicación por Salomón, la Gloria de Dios vino a *"llenar"* hasta el punto que nadie podía permanecer en él[14].

Es lo que nos enseña el Génesis en su capítulo 2 – que citaré en la traducción de la Setenta, porque es esta

---

[14] 1 Re 8, 11 y 2 Cr 5, 14.

traducción la que ha nutrido toda la tradición cristiana, especialmente en su liturgia (himnos y antífonas); y también, señalémoslo, la tradición judía antes de la tradición dicha de los Masoretas que no fue elaborada hasta bastante más tarde (del siglo VI al X) y, en buena parte, por reacción contra la interpretación cristiana de la Biblia. La Setenta, pues, se expresa así:

> "Y el Señor Dios plantó un jardín (paradeisos) en el Edén al Levante, y puso allí al hombre que había formado"[15].

Ahora bien, el término hebreo miqqèdem que la LXX tradujo por Levante (Anatolè = retened éste término) es también interpretado a menudo por *"al principio"*. Este Levante del que aquí se trata es pues principal, éste Oriente es un origen —y os invito a tener presente también esta aproximación en forma de juego de palabras, es importante.

> 2. Segunda conclusión: la puerta de Oriente, es la puerta del cielo. En efecto, una vez Adam es exiliado del Paraíso, es al Oriente de éste que Dios aposta los Querubines armados con una espada flamígera a fin de guardar el acceso al Árbol de la vida[16].

---

[15] Génesis 2, 8.

[16] Génesis 3, 24.

Igualmente, es en Oriente que se encuentra la puerta de acceso al Templo. Esto, del que los textos masónicos precedentemente citados se hacen eco de manera unánime, es a la vez conforme a la arqueología y a las Escrituras.

Es por esta puerta de Oriente que *"la Gloria del Eterno [que] llenaba la casa de Dios"* (cf. más arriba) lo abandona en el momento del exilio a Babilonia[17]. Exilio que es el mismo durante el exilio de Adam: así, al exilio del hombre del cielo se corresponde el exilio de Dios de la tierra.

Podemos poner de manifiesto tres hechos:

a) Adam se aleja de Dios por Oriente.

b) Igualmente hace Caín:

"Caín se alejó de la presencia del Eterno y habitó en la tierra del exilio (*Nod*) al Oriente del Edén"[18].

c) Finalmente:

"Mas al emigrar los hombres desde Oriente encontraron una vega en el país de Shinar y allí se asentaron"[19].

¿Quiénes son estos? Los constructores de la Torre de Babel, ¡ésta falsa puerta del cielo!

---

[17] Ez 11, 1 y 22-23.

[18] Génesis 4, 16.

[19] Génesis 11, 2.

De donde obtenemos otra conclusión: hay dos suertes de oriente: el verdadero Oriente (el Oriente eterno), y falsos orientes, aquellos que uno encuentra o hacia los que se tiende cuando se alejan del verdadero.

En definitiva, el Oriente es pues:

➢ el lugar del <u>hombre —con— Dios</u>
➢ Es también:

- el lugar donde el <u>hombre deja a Dios</u> (Adam, Caín),
- y el lugar donde <u>Dios deja al hombre</u> (la Gloria abandonando el Templo).

➢ Pero es también:

- el lugar donde <u>Dios viene a reunirse con el hombre</u>.

He aquí lo que nos enseñan los profetas *"por los que habla el Espíritu Santo"* como proclama el Credo.

Escuchemos a Zacarías:

"…saldrá Yahveh (…) y pisarán sus pies en aquel día el monte de las Olivas, que está frente a Jerusalén (= del Templo), <u>al Oriente</u> (…). Y Yahveh resultará rey sobre toda la tierra y en aquel día será Yahveh único, y único su nombre"[20].

---

[20] Zac 14, 3-4 y 9.

Y ahora a Ezequiel:

> "Él (= *el hombre de la visión de Ezequiel, que cierta-*
> *mente no era un hombre ordinario puesto que su aspecto*
> *era "como el bronce"*) me condujo a la puerta, a la puerta
> que estaba del <u>lado de Oriente</u>. Y he aquí, que la Gloria
> del Dios de Israel <u>venía de la dirección del Oriente</u> (...).
> La Gloria del Eterno entró en la Casa por la puerta que
> está del lado de Oriente (...). Y he aquí, que la Gloria
> del Eterno llenó la Casa"[21]. —Esta visión, observémoslo
> de pasada, es profética, es decir que no se aplica a un
> templo actual, sino a un templo por venir – veremos cuál.

Así el mismo movimiento de partida y de retorno, del
exilio y la habitación se aplica a Dios, como se aplica y se
aplicará al hombre, y es en Oriente que se produce.

Pero prosigamos esta lectura de Ezequiel:

> "Y oí a alguien que me hablaba desde el interior de
> la Casa, mientras aquel <u>hombre</u> se mantenía en pie junto
> a mí; y me dijo: Hijo del hombre, éste es el <u>lugar de mi</u>
> <u>trono</u> y el lugar de la planta de mis pies, donde yo <u>he de</u>
> <u>morar</u> en medio de los hijos de Israel <u>para siempre</u>"[22].

Es profetizar claramente que Dios se manifestará bajo
forma de hombre, tomará forma de hombre para venir a

---

[21] Ez 40, 1 y 43, 1-2 y 4-5.

[22] Ez 43, 6-7.

habitar, residir entre los hombres; de un hombre que es rey, como Adam, rey de la creación, lo era en su origen. En una palabra, es el anuncio de un *"Nuevo Adam"*. Y sabemos que el Nuevo Adam, es el Cristo: basta con remitirse a san Pablo[23] y a toda la tradición cristiana que le sigue.

El Oriente es pues el lugar de <u>Dios —con — el hombre</u>, como lo era en su origen el del <u>hombre —con — Dios</u>. Ahora bien, Dios —con— el hombre se dice EMMANUEL, que es el nombre de Cristo [24] profetizado por Isaías[25].

Así podemos comprender por qué nuestros textos masónicos tradicionales, fieles a la letra del Evangelio[26], están fundamentados al afirmar que la estrella aparecida *"al Oriente"* ha anunciado que *"nuestro Salvador se ha hecho carne"* (ver más arriba).

En todo lo que precede, por comodidad de lenguaje, he hablado de Oriente como de un lugar – y cada uno habrá comprendido, a buen seguro, que se trataba de un <u>lugar espiritual</u>. Pero en realidad ello era una *"expresión substituida"*, pues la verdad es más profunda, más fuerte: es un <u>estado espiritual</u>. Se sitúa al Oriente aquél que se conforma con Aquél que se ha hecho conforme a nosotros, y que por consecuencia se reúne con Aquél que se ha unido a nosotros.

---

[23] Por ejemplo, la 1ª a los Corintios, 15, 45)

[24] Mateo 1, 23

[25] Is 7, 14.

[26] Mt 2; 1-2.

Porque hay más: *"Oriente"* no es solamente el lugar y el momento en que Dios se hace hombre, o el Verbo se encarna: es un <u>Nombre mismo</u> de Cristo, Verbo encarnado, el también anunciado por los profetas.

"Oriente", o *"Levante"*, es Aquél que "se eleva".

Este no es otro que el <u>Tsemah</u> de la profecía de Zacarías, denominación expresada ordinariamente por *"Brote"* pero que la Setenta ha traducido por este término <u>Anatolè</u> que ya os he señalado anteriormente y que significa precisamente *"Levante"*:

> "…He aquí un hombre cuyo nombre es Brote (o Levante u Oriente) y brotará de su sitio (= *se levantará en su sitio*) y <u>construirá el Templo de Yahveh</u>. Él reedificará el Templo de Yahveh <u>y alcanzará gloria</u> y se sentará y <u>dominará</u> sobre su trono; será <u>sacerdote sobre su trono</u>" [27]

A lo que hace eco el cántico de otro Zacarías, el padre de Juan el Bautista, que,

> "lleno del Espíritu Santo profetizó así: (…) nos ha visitado el (*sol*) Naciente (= *Levante*) desde la altura para alumbrar a los que yacen en la oscuridad y la sombra de la muerte, a fin de enderezar nuestros pies por el camino de la paz". [28]

---

[27] Zac 6; 12-13.

[28] Lc 1; 67 y 78-79.

Heredera e intérprete inspirada de las Sagradas Escrituras, la Iglesia cristiana se encuentra pues perfectamente fundamentada y justificada en atribuir a Cristo el nombre de Oriente, y es lo que hace. Éste es el quinto de los Nombres de Cristo, que son en número de siete, y que la liturgia cristiana nos revela sucesivamente en el curso de la semana —de la *"santa hebdomada"*— que precede la fiesta de Dios hecho hombre, es decir Navidad. Cada uno de estos días que componen esta semana es en efecto solemnizado por una antífona que, en modo de jubileo, proclama uno de sus Nombres.

El primero es: Sabiduría; el segundo: Adonai, el cual se expresa en griego por <u>Kurios</u>, <u>Kyrios</u>, es decir Señor; el tercero: Raíz de Jessé (y cada uno tiene, pienso yo, en la memoria las vidrieras que ilustran esto, por ejemplo, en Chartres); el cuarto: Llave de David; el quinto: <u>Oriente</u>; el sexto: Rey de las naciones; el séptimo: Emmanuel, *"Dios —con— nosotros"*, del que ya hemos hablado. El octavo día —noción importante en la teología cristiana, pero que no es momento ahora de detenernos en ella—, el octavo día, pues, el de Navidad, nos es dado otro Nombre: el de Jesús, que no nos lleva a uno de sus atributos o a una de sus funciones, sino que es su Nombre propio.

¿Qué significa pues Oriente? El texto de Zacarías citado justamente antes nos lo indica: es el Nombre de Cristo <u>en majestad</u>, del Cristo <u>sacerdote-rey</u> y, al mismo tiempo, constructor del Templo – lo que es la esencia misma del *"Arte real"* que es el nuestro, y que, creedlo bien, no he perdido nunca de vista a lo largo de estos desarrollos.

Pero ¿constructor de qué Templo? ¿Del Templo de piedras? ¿Del de Salomón, el de Zorobabel, de Herodes…? De ninguna manera. Ya que uno no puede dejar de rememorar este episodio en el que, como los discípulos de Jesús se extasiaban por la magnificencia del Templo, Él les anunció:

> "En verdad os digo que no quedará aquí piedra sobre piedra que no sea derribada". Esto se encuentra en los evangelios sinópticos[29]. Y como casi siempre, san Juan nos ofrece de este hecho la significación espiritual profunda cuando relata estas palabras de Cristo: "Destruid este Templo, y en tres días lo levantaré", y añade el apóstol: "Pero él hablaba del templo de su cuerpo. Y es así, cuando resucitó de entre los muertos, recordaron sus discípulos que decía esto, y creyeron en la Escritura y en la palabra dicha por Jesús"[30].

Es por lo que este germen, este *"Brote"* del que la profecía de Zacarías hace mención evoca irresistiblemente ésta otra palabra de Cristo: *"En verdad, en verdad os digo que si no muere el grano de trigo que cayó en la tierra, subsiste él solo; pero si muere produce mucho fruto"*[31].

---

[29] Mt 24; 1-2, Mc 13; 1-2, Lc 21; 5-6.

[30] Jn 2; 19 y 21-22.

[31] Jn 12; 24.

Palabra que encuentra su eco en nuestro ritual, con la tercera máxima que el Venerable Maestro da al candidato a aprendiz: *"El grano plantado recibe la vida de la tierra; pero si su germen está alterado, es la propia tierra la que acelera su putrefacción"*[32]. Recordad bien esta noción de *"la alteración"* del germen.

He aquí pues, la razón por la cual, en este viejo ritual operativo que he citado al comienzo, el maestro se acuesta de forma que pueda ver levantarse la luz de Oriente, la luz del Sol naciente: la luz de Aquél que se levanta y que lo levantará.

Se comprenderá que no insista, por ahora, sobre este punto – pero quizá algunos de aquellos a los que me dirijo recordarán de pronto mis palabras, y las aplicarán a ellos mismos, cogiendo entonces el significado en toda su extensión.

Queda que este Oriente es la Luz por excelencia, la Luz de gloria, la Luz eterna. *"¡Oh Oriente!, esplendor de la Luz eterna y sol de justicia"*, canta la antífona a la que hacía alusión anteriormente.

Tal es la luz *"la más pura"* que ilumina nuestras Logias (*a menudo calificadas de "lugar muy iluminado"*), tal es la "justicia" que reina en la Logia de aprendiz y la preside.

Esta luz, el Prólogo del evangelio de san Juan nos expone cual es; la palabra *"expone"* es por otra parte débil e inadecuada, y quisiera mejor hablar de *"contemplación"*.

---

[32] Ritual Aprendiz del RER.

Y, dicho sea de paso, es a causa de esta teología de la luz indisociable de la teología de la Encarnación, la cual ha encontrado en la Iglesia oriental, dicha ortodoxa, tan admirables desarrollos, que ésta última denomina el discípulo bien amado san Juan el <u>Teólogo</u>; es igualmente, de entre todos los Doctores de la Iglesia, uno de los tres – tres únicamente, juntamente con san Gregorio Nacianceno, *"san Gregorio el Teólogo"*, en el siglo IV, y *"san Simeón el Nuevo Teólogo"*, en el siglo IX, a quien ella reconoce sin restricciones esta cualidad de *"teólogo"* que implica un conocimiento en plenitud de los misterios inefables. Os digo todo esto de paso, a título documental.

Así pues, debemos irnos al Prólogo del evangelio de san Juan. Y ello, no solamente en tanto que cristianos, sino también en tanto Masones. Y ¿por qué? Porque es sobre este Prólogo, y no sobre cualquier otro pasaje de las Escrituras, que prestamos todos nuestros juramentos de principio a fin de nuestro recorrido masónico, e incluso más allá. Y cuando digo "sobre", es en el sentido más concreto, en el sentido físico del término, puesto que ponemos la mano derecha encima: la mano derecha, aquella que compromete. Lo que implica obligatoriamente nuestra adhesión a lo que contiene, en su integridad. Imposible escoger lo que nos conviene o lo que no. Esta adhesión integral se extiende por otra parte a la totalidad del Evangelio, como se recuerda en repetidas ocasiones, y en particular en este pasaje de la

"Instrucción moral del grado de Aprendiz Francmasón":
*"El Evangelio es la ley del Masón, que debe meditar y seguir
sin cesar"*[33]; y este otro, extraído de la *"Regla Masónica"*: *"El
Evangelio es la base de nuestras obligaciones; si no creyeras
en él dejarías de ser Masón"*[34].

Este Prólogo, del que no es preciso recordar sus términos, ya que cada uno debería conocer de memoria (antes
de las reformas del Vaticano II, era recitado cada domingo
en la misa). Citaré por tanto los pasajes que nos interesan
directamente, y ello en una traducción inhabitual para
vosotros pero que tiene el mérito de ceñirse a su sentido
más preciso que no hacen los textos habituales:

> "Al principio era el Verbo, y el Verbo estaba con
> Dios, y el Verbo era Dios. Él estaba en el principio
> con Dios. Todo se hizo mediante él, y sin él no se hizo
> nada de cuanto se ha hecho. En él estaba la vida, y la
> vida era la luz de los hombres. Y la luz se muestra en
> las tinieblas, y las tinieblas no la comprendieron": et
> tenebrae eam non comprehenderunt. [35]

Ella está pues presente, encima de vos, Venerable Maestro, esta Luz del Verbo que las tinieblas no han apagado,
ni alterado, ni aún aquellas que la han velado y oscurecido.

---

[33] *Ibid*. pág. 111.

[34] *Ibid*. Regla Masónica. Artículo I, II; pág. 126.

[35] Jn 1; 1-5.

Prosigo:

"Existía la luz verdadera que alumbra a todo hombre que viene al mundo"[36].

Y todavía:

"Y el Verbo se hizo carne, y habitó entre nosotros, y contemplamos su gloria, gloria como de Unigénito de la parte de su Padre"[37].

Habréis reconocido en este pasaje varios temas que ya he abordado: la habitación, la gloria, y también el hecho que esta luz es primigenia. A lo que se añade que ella ilumina a todo hombre que viene al mundo y nace, es decir que le es <u>innata</u>. En él, la luz original puede estar oculta, pero no está abolida. Tema recurrente en la doctrina del Rectificado, si recordáis lo que ya os dije en Niza. Aparece también el tema de la verdad, tan esencial para todos los hombres verdaderos, pero sobre todo para nosotros, Masones, que hacemos de ello —y es menester desear que ello sea algo más que palabras – el objeto de nuestra búsqueda.

Ahora bien, todos estos temas así reunidos, por una suerte de necesidad lógica, los encontramos igualmente

---

[36] Jn 1; 9.

[37] Jn 1; 14.

en nuestros rituales, y ello en repetidas ocasiones. Solo os citaré algunos extractos entre los más significativos, y que se encuentran, como casi siempre, en la "Instrucción moral":

> "Las tinieblas que os rodeaban os señalan también las que cubrían todas las cosas en el principio de su formación. En fin, el guía desconocido que os ha sido dado para hacer este camino os indica el rayo de luz que es innato en el hombre, gracias al cual siente el amor por la verdad y puede llegar hasta su templo"[38].

Volveremos más tarde sobre esta noción de "templo de la verdad". Pero continuemos escuchando lo que nos enseña la instrucción moral:

> "Lo débil que es la luz que el hombre porta al nacer, si la descuida puede perderla por completo y caer en las más espesas tinieblas, pero también que él puede acrecentarla en gran manera mediante el buen uso que de ella haga, y que debe igualmente esperar el descubrir a través de ella la verdad, a pesar de las brumas espesas que la ocultan a los ojos vulgares. Es entonces que, abriendo los ojos a un nuevo día, ve con admiración y sorpresa la multitud de ayudas que la bondad divina ha establecido alrededor suyo, para dirigirle y defenderle"[39].

---

[38] Ritual Aprendiz del RER.

[39] Ritual Aprendiz del RER, Instrucción Moral.

(Aquellos que conocen mis anteriores conferencias saben que, según la doctrina del Rectificado, la <u>iniciación</u> en general, y en particular bajo la forma masónica que ha tomado en nuestros días, es uno de los más preciosos entre estos socorros providenciales).

Esta luz innata, el hombre puede perderla por su comportamiento, exactamente igual que Adam perdió la parte que tenía en la Gloria divina, y por este hecho, cayó bajo una doble condena a muerte: a la *"muerte intelectual"*, como dicen nuestros textos, es decir a la muerte espiritual; y a la muerte corporal. Aquí una vez más os remito a mis estudios precedentes. De donde, esta advertencia del Venerable Maestro al candidato:

"Aquél que pierde la <u>luz</u> comienza a perder la <u>vida</u>, y la <u>verdad</u> se aleja de él"[40].

Ved cómo estos términos: luz, vida, verdad, son indisociables.

Advertencia que el Venerable Maestro completa por esta exclamación, que parece librarle de la pesadez de su tarea:

"Hermanos míos, es muy difícil devolverle la luz a aquél que la ha despreciado"[41].

---

[40] Ritual Aprendiz, pág. 87.

[41] *Ibid.* pág. 88

Sin embargo, como a menudo repito, nuestro Rito es optimista. Existe, y espero que de pasada se me permita esta reflexión, dos categorías de cristianismo. La primera es fundamentalmente pesimista: haga lo que haga el hombre, por mucho que se esfuerce en cumplir, no por ello deja de estar a una distancia inconmensurable de Dios; puede incluso, si uno cree en la tremenda doctrina de la predestinación, imputable, ¡ay!, a san Agustín, estar condenado por anticipado con independencia de lo que haga. Nuestro Rito no cede en absoluto ante tal concepción. Él enseña —y no es por tanto heterodoxo, muy al contrario— que el hombre, si quiere, y no se queda en las meras intenciones, sino que actúa (primer punto) – y con la ayuda de Dios (segundo punto, y nuestro Rito insiste con fuerza en estos dos puntos), puede remontar la pendiente por la que se ha deslizado y gracias a ello, acercarse más y más a Dios, a su Principio.

Es lo que el Venerable Maestro declara al candidato:

> "…si cumplís con exactitud y regularidad todos estos deberes (= *hacia Dios, vuestros Hermanos y vos mismo*), debéis esperar el llegar a la <u>verdadera luz de Oriente</u>" [42].

Ya que, *"…si el hombre ha perdido la luz por un abuso de su libertad"* – *"es por su culpa, caballero, que el hombre*

---

[42] Ritual Aprendiz. Instrucción Moral, pág. 111.

ha perdido la luz que vos venís a buscar entre nosotros", le ha advertido ya el Hermano Preparador[43] - *"puede recuperarla por una voluntad firme e inquebrantable en la práctica del bien"*[44].

En otra parte, se dice que *"sólo la virtud devuelve el hombre a la luz"*[45].

¿Por qué, pues, esta necesidad imperativa de la práctica del bien, que encuentra su expresión concreta en la práctica de las <u>virtudes</u>, tan presentes en los grados de nuestro Rito? Simplemente porque el "brote", el "germen", es decir el ser original del hombre, ha sido *"alterado"* – y recordemos que etimológicamente, estar alterado, es convertirse, al menos parcialmente, en *"otro"* que uno mismo. Es preciso, pues, hacerle reencontrar su integridad primera. Si no, si es un germen alterado puesto en la tierra, encontrará, no la vida, es decir la luz, sino la putrefacción, es decir un acrecentamiento de las tinieblas, las de la muerte espiritual. Es a lo que corresponde esta amonestación del Venerable Maestro: ¿Acaso creéis que la luz puede extenderse sobre el hombre vicioso y corrompido?[46].

Tarea ardua, seguramente, la de la restauración de la luz en el ser. Ella pasa ineluctablemente por una serie de

---

[43] *Ibid.* pág. 28

[44] Ritual Aprendiz. Instrucción Moral, pág. 111.

[45] Ritual Aprendiz, pág. 88.

[46] *Ibid.* pág. 67.

pruebas (como es regla universal), que son otras tantas purificaciones, y de las que la primera es esta puesta a tierra, es decir la prueba por las tinieblas. *"Aquél que, gozando de la luz, rechaza tomarla por guía, que sea probado por las tinieblas"*, declara el Hermano preparador, vendando los ojos del candidato[47].

¡Una vez más las tinieblas! Con tantas tinieblas, tengo miedo, Hermanos míos, si me permitís esta broma, ¡que no lo veáis nada claro!... Pero aún y así, las cosas son mucho más simples de lo que puedan parecer.

Os lo acabo de mostrar, existe un solo y verdadero Oriente, y, fuera de él, falsos orientes; todos son engañosos, a distintos niveles. Unos son simplemente ficticios e ilusorios, otros deliberadamente embusteros. Pero todos tienen el mismo efecto: desvían del verdadero Oriente; *"desorientan"*.

Lo mismo vale para las luces que estos orientes emiten. Hay la Luz verdadera, y hay las otras, que a menudo, la eclipsan y en ocasiones la sustituyen. ¿Acaso no nos lo advierten las misas Escrituras?: *"porque el mismo Satanás se transforma en ángel de luz"*[48]. Luego estas luces, son en realidad y a pesar de las apariencias, tenebrosas.

Ahora bien, las tinieblas no son todas de la misma naturaleza. Hay que poner aparte las tinieblas de los orí-

---

[47] *Ibid.* pág. 58.

[48] 2 Cor 11; 14.

genes, aquellas que *"cubrían todas las cosas en el principio de su formación"*, como ha sido dicho precedentemente, y de las que, por la Palabra creadora, el Fiat Lux, surgió la luz primera. Todas las otras son las tinieblas acaecidas como consecuencia de la caída, las que las Escrituras, y después de ellas nuestro ritual, denominan *"las sombras de la muerte"*, ya que tinieblas y muerte son dos caras de una misma realidad, como ya he dicho.

Y estas tinieblas, a su vez, son de dos tipos. Hay tinieblas intelectuales, que el espíritu, en su extravío, toma por luces, evidentemente falsas, puesto que no emanan de la Luz de la verdad. Esto es explicado en distintas ocasiones, y en particular en la instrucción moral.

"…una vana curiosidad podía distraeros, una falsa luz podía perderos", se le explica al nuevo aprendiz; y para disipar toda duda sobre la naturaleza de esta *"falsa luz"*, se le añade:

> "Los tres viajes en la oscuridad os han figurado (…) el estado de privación en el que (*el hombre*) se encuentra cuando es abandonado a sus propias luces" [49].

Sabemos que, en la terminología que Willermoz ha heredado de su maestro Martines, el *"estado de privación"* expresa la situación del hombre caído, cortado de Dios,

---

[49] Ritual Aprendiz, Instrucción Moral, págs. 110-111.

que ya no está más *"en unidad con la Divinidad"* (cf. mi conferencia de Niza).

De la misma manera, al comienzo de todo, el Hermano introductor, privando al candidato de la *"luz elemental"*, es decir de la luz física, habrá calificado a ésta de *"símbolo bastante evidente de los falsos resplandores que son la parte del hombre abandonado a su propio albedrío"*[50].

Pero hay más todavía, y abordamos aquí la segunda categoría de tinieblas: las tinieblas materiales o elementales. La materia misma, al menos en su estado presente, son tinieblas, así pues, lo *"elementos"* que la constituyen, y por consecuencia también la luz material. Ella es tinieblas a causa de la caída. Antes, existía otra suerte de materia, incorporal, luminosa e inmortal, aquella de que son hechos los *"cuerpos gloriosos"*. No tengo el tiempo para insistir sobre este punto de doctrina, heredada también de Martines de Pasqually, y remito a los interesados a los estudios que le han sido dedicados; pero debo recordar porque es esencial para comprender la naturaleza de las pruebas por las que pasa el aprendiz. Éste es en efecto *"probado"* pero no *"purificado"* por los elementos, al contrario de lo que pasa en otros Ritos.

Esta prueba por los elementos tiene que ver con el hecho de hacer descubrir al candidato que la luz que busca no

---

[50] Ritual Aprendiz, pág. 58.

es de este mundo. Esto es tan cierto que, al término de los tres viajes, el Venerable Maestro constata:

> "Ya que atravesando las tres regiones elementales (…) no ha podido encontrar allí la luz que desea, está en la buena vía" [51],

que es tanto como decir que buscar la luz en el mundo, es permanecer en el universo material —que es lo mismo que intelectual— de aquí abajo, es equivocarse a tiro fijo.

Además, cuando al fin la luz es ofrecida al candidato *"en todo su esplendor"* —estoy obligado a pasar por encima las etapas intermedias, muy instructivas no obstante puesto que hacen descubrir la Justicia y la Clemencia, lo cual no es poco— simultáneamente ha brillado ante él una *"llama (…) que pasa como un relámpago"*, signo, explica el Venerable Maestro que *"debe llegar el momento en que todas las ilusiones desaparezcan más rápidamente que el relámpago"* [52]; y simultáneamente también se exclama en voz alta: *Sic transit gloria mundi*, de manera a imprimir con fuerza en el espíritu del candidato que la *"gloria del mundo"* es transitoria y perecedera, que es fugaz y condenada a desaparecer de manera repentina y completamente, como la ilusión ante la verdad y la realidad.

---

[51] *Ibid.* pág. 75.

[52] *Ibid.* pág. 89.

Es absolutamente otra, en efecto, la Gloria que preside los trabajos de los Masones, los gobierna, los ordena, los perfecciona, los verifica y los vivifica. *"Cuando para perfeccionar vuestro trabajo, busquéis la luz que os es necesaria, recordad siempre que la hallaréis en Oriente y que sólo allí la podréis encontrar"*[53]. Gloria, que repito, es Presencia eterna del Eterno presente —Eterno como Dios, presente como Hombre. Luz de Aquél que es la vida y la verdad, y la perfección misma. De Aquél que es el Oriente— origen de todas las cosas, incluido el hombre.

"El Oriente masónico…", nos dice la instrucción moral, *"…significa la fuente y el principio de la Luz que busca el Masón. [Esta Luz] Os ha sido representada por el candelabro de tres brazos que ardía sobre el altar de Oriente, como siendo el emblema* (= representación figurada) *del triple poder del Gran Arquitecto del Universo. Esta Luz…"* añade, y esto es de importancia capital *"…es la primera vestimenta del alma, la prenda que se os ha dado* (es decir, el mandil blanco) *no es más que su representación"*[54].

Ningún equívoco posible: en su origen, el hombre estaba revestido de la luz divina, de la gloria divina. Lo que da toda su fuerza a la expresión trillada de *"hijos de la luz"*, la cual nos vuelve a decir, como san Pablo a los Atenienses

---

[53] *Ibid.* pág. 105.

[54] *Ibid.* Instrucción Moral, pág. 113.

en el Areópago, que nosotros, hombres, somos *"de la raza de Dios"*[55]; y toda su dimensión a la exclamación que el Venerable Maestro debe proferir *"en un tono elevado"* cuando el aprendiz es *"devuelto a la luz"*:

> "El hijo de la luz estaba extraviado en las tinieblas, ha sido llamado, ha vuelto otra vez, sus ojos han sido abiertos y las tinieblas se han disipado"[56].

Hermanos míos, la luz de la iniciación es, simbólicamente, el retorno de Adam *"al Edén, al Oriente"*: el hombre restaurado en su gloria original por su retorno a Oriente, el cual es la reunión con Cristo, que es el Oriente. Es pasando por el Cristo que uno puede reintegrarse con el Principio, ya que *"nadie va al Padre sino por el Hijo"* (cf. Juan 14; 6).

Ahora bien, como el Cristo no puede estar disociado del Padre y del Espíritu (sin embargo, sin estar confundido con ellos), la manifestación de la Gloria divina es forzosamente trinitaria. Esto también, el ritual nos lo dice en este pasaje de la instrucción por preguntas y respuestas con que he comenzado casi al principio de este trabajo:

> "P.- ¿Qué más habéis percibido?
> R.- Un candelabro de tres brazos sobre el altar de Oriente.

---

[55] Actas 17; 22.

[56] Ritual Aprendiz, pág. 88.

P.- ¿A qué hace alusión?

R.- Al triple poder, que ordena y gobierna el mundo, y que es expresado, en las Logias, por el Venerable Maestro y los dos Vigilantes" [57].

Venerable Maestro, mis Hermanos Vigilantes, ¿habíais caído en la cuenta de ello? Representáis en la Logia al Padre, al Hijo y al Espíritu Santo, ¡simple y llanamente!

La Gloria divina, la Gloria del Gran Arquitecto del Universo, representada trinitariamente en nuestras Logias bajo la forma de ternarios luminosos, lo es de varias maneras no siendo todas equivalentes, comprendiendo el seno del conjunto constituido por lo que el ritual denomina las *"nueve luces de Orden, o masónicas"* y que son, todos lo sabéis: el candelabro de tres brazos del altar de Oriente, las tres antorchas situadas en los ángulos Sureste, Suroeste, y Noroeste del tapiz de la Logia, y finalmente los tres candelabros situados respectivamente en las mesas de los Vigilantes y del Secretario. Hay entre ellos la misma diferencia, jerárquica por así decirlo, que aquí.

El candelabro de tres brazos, que es encendido <u>antes</u> de la apertura de los trabajos —los cuales, recordémoslo, empiezan normalmente en la oscuridad— significa que la

---

[57] Ritual Aprendiz, Catecismo de Preguntas y Respuestas, pág. 119.

luz que él simboliza es *"inalterable"*, que brilla eternamente y que las tinieblas no han podido apagar. Tiene su exacta correspondencia en el triángulo luminoso que brilla por encima de la cabeza del Venerable Maestro y que debería, si aplicáramos al pie de la letra el ritual, estar situado debajo de un dosel o baldaquino; ahora bien, la lengua antigua tenía otro término para designar un dosel, era la palabra "cielo"[58], y se empleaba por ejemplo con motivo de las procesiones, como la del Corpus Christi, bajo el que se llevaba el Santísimo Sacramento. Y quizá esto tiene un sentido que sobrepasa la simple anécdota.

Siempre los dos, el triángulo y el triple candelabro, están situados a Oriente, el cual, en Logia, simboliza el universo y al hombre habiendo cumplido su reintegración. Por lo demás, el oriente debería estar sobre-elevado en relación al resto de la Logia por medio de un estrado de tres peldaños, a fin de señalar esto físicamente.

Hablo aquí de Logia por comodidad de lenguaje, pero es una inexactitud (que nuestros rituales también se permiten). Ya que, si uno se atiene al catecismo de aprendiz:

"P.- ¿Qué representa la Logia?
R.- El Templo de Salomón reconstruido místicamente por los francmasones"[59].

---

[58] N.T. En España lo conocemos como "palio".
[59] Ritual Aprendiz del RER, Catecismo Preguntas y Respuestas.

Hablando en propiedad, la Logia, es pues el tapiz – y, en ciertos casos, la reunión de los Hermanos en torno a él. Ahora bien, por lo que nos enseñan nuestras instrucciones, el Templo de Salomón tiene una doble relación: de una parte, con lo que ellas denominan el "templo universal", es decir el universo (considerado como templo, es decir lleno por la presencia divina), y por la otra, con el hombre, y su *"templo particular".* Sin entrar en el detalle, digamos que, situado allí, es decir no al Oriente, el universo y el hombre están <u>en vías de reintegración</u> – pero ésta no está todavía cumplida.

Sin embargo, las hachas o antorchas que rodean el tapiz de Logia y que son encendidas al principio de los trabajos por el Venerable Maestro y los dos Vigilantes, y apagadas al final, significan, que a lo largo de la duración de su existencia, el universo y el hombre están rodeados y sostenidos por el poder de la Trinidad – y también que su existencia cesará cuando este poder les falte.

Dejo de lado los otros tres candelabros, que encendidos a partir de los precedentes, tienen un valor correlativo pero subordinado que no interesa al objeto del presente trabajo.

Pero me es preciso señalar otra luz, que a pesar que su significado está reservado para más adelante, es ya dado a contemplar en este grado – lo que es una particularidad única del Rito rectificado. Se trata, ya lo habréis comprendido, de la *"estrella llameante de cinco puntas, teniendo la letra G pintada en oro en el centro"*, *"...que ilumina el centro* (del Templo)*, desde donde expande la luz hacia todas las partes"*[60].

Incluso si obedece a otro simbolismo numérico que el ternario —pero en la Tradición, e incluyendo la masónica, no es raro que la estrella de cinco puntas simboliza la Trinidad— no es preciso ser un gran clérigo para comprender que ella figura la presencia de Dios en el corazón del universo y sobre todo en el corazón del hombre, y que es de alguna manera la proyección en el plano humano de lo que el ternario es en el plano divino.

De todo lo que precede resulta que el programa que la Masonería rectificada nos propone, enseñándonos el método y los medios para realizarlo, es de *"reedificar místicamente"* nuestro Templo interior, de manera a convertirnos, cada uno de nosotros, y todos nosotros en conjunto, en habitación de la Gloria de Dios y del Sol de justicia, residencia del Emmanuel Dios con nosotros y Dios en nosotros.

Porque el verdadero Templo somos nosotros mismos, cuando nos hacemos conformes a Cristo, cuando nosotros mismos somos Cristo —lo que por otro lado quiere decir cristiano, <u>*christianus*</u>. Entonces, como dice Jesús, *"...aquí hay algo que es más que Salomón"* [61] *"...aquí hay algo mayor*

---

[60] *Ídem.*

[61] Mt 12; 42.

que el Templo"[62]. Entonces se aplica a nosotros— y creed
que esta explicación, no es de mi pecunia particular, sino
siguiendo a pies juntillas nuestros rituales (pero no el de
aprendiz, aunque éste sea su germen) – estas palabras de
san Pablo:

> "¿No sabéis que sois Templo de Dios y que el Espíritu
> de Dios habita en vosotros? (…) El Templo de Dios es
> santo, y ese Templo sois vosotros"[63].

Entonces, sí, estamos en Oriente: <u>somos el Oriente</u>.
Es lo que expresa, en términos inspirados, la Iglesia
ortodoxa en éste Troparyo de Navidad:

> "Tu nacimiento, oh Cristo, nuestro Dios
> ha hecho resplandecer en el mundo la <u>luz de la inteligencia</u>;
> aquellos que servían los astros
> son instruidos por el Astro
> de adorarte, Sol de justicia,
> y contemplarte, <u>Oriente llegado de las alturas</u>".

Hermanos míos, todo esto, que es grandioso y exaltante,
es verdadero. Realmente verdadero. Pero simbólicamente.
"Simbólico" no quiere decir, como en el lenguaje corriente,

---

[62] Mt 12; 6.

[63] 1 Cor 3; 16-17.

y como demasiado a menudo también, por desgracia, en el lenguaje masónico —¡lo que ya es el colmo! – *"irreal"* y *"ficticio"*. El símbolo tiene su realidad, una realidad particular, que le es propia. Participa de la realidad de lo que simboliza, pero no en plenitud. Digamos que posee una realidad por convertir: ella ya lo es, pero queda el que la realicemos.

"Vendrá el tiempo, y el tiempo ha llegado", repite a menudo Jesucristo. Es en este mismo estado temporal que se sitúa la realidad masónica: el *"no todavía"* y el *"ya está aquí"*. Hemos de convertirnos en lo que somos. Y entre las dos, para que se reúnan y coincidan, para que la realidad simbólica se convierta en realidad en plenitud, hay, como se dice en la instrucción moral, una *"carrera penosa* (a) *recorrer"*, *"trabajos inmensos* (…) *a hacer sobre* (nuestro) *espíritu y* (nuestro) *corazón"*[64].

Puede ser muy bien, que nosotros que nos sentamos a Oriente, no estemos mucho más próximos de estarlo realmente que los aprendices que nos contemplan de lejos. Quizá sí, quizá no, nada es seguro, esto depende de cada uno.

Pero una cosa es segura: este Oriente, Él está en nosotros, en los más profundo y secreto de nuestro templo interior. Y si no profanamos este templo que es suyo, jamás nos abandonará, jamás su Luz nos librará a las tinieblas.

---

[64] Ritual Aprendiz del RER; Instrucción Moral.

EL TRABAJO DEL MASÓN RECTIFICADO
Jean-François Var

El trabajo que llevamos a cabo en Logia es sagrado. Es sagrado, ya que está dedicado a Dios y realizado a su mayor Gloria.

Antes de ir más lejos, quisiera haceros ver la diferencia esencial —quiero decir con ello, relativa a la esencia— que separa, pero que también une, lo que es <u>santo</u> y lo que es <u>sagrado</u>.

Sólo Dios es Santo. Recordemos la denominación ritualmente dada al Eterno en las Escrituras: *"El Santo, bendito sea..."*. Y es de esta manera que los querubines lo aclaman incesantemente en la liturgia angélica: *"¡Santo, Santo, Santo!"*. Pero esta santidad, atributo exclusivo de Dios, Él puede compartirla, comunicarla por su gracia a aquellos que se dan a Él uniéndose a Él. Por esta unión, para aquellos que adquieren en mayor o menor medida las características divinas, su humanidad es, también en mayor o menor medida, impregnada de la Divinidad; y el grado de santidad es el resultante del grado de íntima unión con Dios. Así pues, los santos son aquellos que han desposado a Dios. De ahí que, la realización más perfecta, el modelo más acabado, es la Santísima Virgen María.

La Antigua Alianza no está falta de santos que han realizado la unión espiritual con Dios. Pero después de la Nueva Alianza, después de la Encarnación del Verbo, esta unión no es ya solamente espiritual, ella implica la totalidad del ser humano: cuerpo, alma y espíritu; y se realiza por el bautismo. Volveremos más tarde sobre este punto. Es por esta razón que San Pablo en sus epístolas califica de "santos" a los bautizados miembros de una o varias de las Iglesias a las que se dirige: "*a los santos de Corintio*", "*a todos los santos que están en la toda la Acaya*"; en ocasiones precisa: "*a los santificados* (= hechos santos) *en Cristo Jesús*"[1].

La santidad implica pues, de algún modo, una identificación con Dios. La sacralidad es cosa totalmente diferente. Lo que es sagrado, sea material (objeto) o inmaterial (fórmula o práctica, generalmente ritualística), conserva su naturaleza, la cual no es en nada alterada. Lo que cambia es su uso: este uso es reservado a Dios, y sólo a Él —o a los dioses, y solamente a ellos, en el caso de las religiones

---

[1] Iª Epístola a los coríntios I, 2.

idolátricas—. Esta exclusividad se traduce la mayor parte de veces por una dedicación ceremonial, en virtud de la cual lo que está dedicado es ofrecido a Dios que deviene en su sólo maestro y poseedor, y por ello mismo se encuentra suprimido del mundo profano.

En definitiva, se podría decir: que lo que es <u>santo</u> es <u>de Dios</u>, y lo que es <u>sagrado</u> es <u>para Dios</u>.

¿Estamos pues, como Masones, dedicados a Dios? Sí, y de una vez por todas, lo estamos "irrevocablemente" por nuestro compromiso, el cual es un <u>juramento</u>. Ahora bien, es preciso tener siempre presente que "juramento" y "sacramento" se expresan en latín por la misma palabra *sacramentum*, lo que manifiesta que tienen una cierta comunidad de naturaleza. Ciertamente, el juramento no es un sacramento, en el sentido que este término ha tomado en la Iglesia cristiana, pero no tiene menos valor sacramental, es decir, que Dios se encuentra implicado en él. Se encuentra implicado en primer lugar como testimonio[2], y después como garante. Este compromiso es efectivamente tomado —y las palabras, estas palabras que no oiremos más, tienen aquí un valor pleno e íntegro— *"en presencia del Gran Arquitecto del Universo"*. Dios recibe en Persona este juramento, es en Persona el Garante de lo que constituye verdaderamente un <u>compromiso con Dios</u>. Por la fidelidad, o por el contrario

---

[2] Instrucción Moral pág. 111, Regla Masónica, IX°-II, pág. 132.

por la falta a este compromiso, recaerá sobre aquel que lo haya prestado, en el primer caso la bendición divina, y en el segundo el castigo.

Este compromiso es tomado sobre el Evangelio y la espada. *"Prometo sobre el Santo Evangelio..."*, dice el candidato, y une el gesto a la palabra. Su mano derecha —aquella que compromete— es puesta desnuda sobre el Santo Evangelio y la espada. La mano no queda suspendida en el aire, sino que está en contacto físico directo con el uno y la otra. Analicemos un poco esto.

El Evangelio, en el Rito Escocés Rectificado, no es un símbolo (*"la Biblia no es un emblema"*)[3], es una realidad. Una realidad espiritual plasmada. Para los Judíos, la Torá es una presencia física de Dios, es la plasmación de su Palabra. Para nosotros, los cristianos, resulta parecido con la especificidad que esta Palabra, este Verbo de Dios, es la segunda Persona de la Santísima Trinidad. El Evangelio es pues una forma de Encarnación del Verbo; o para hacer las cosas más tangibles, es el Verbo Encarnado, el Cristo, físicamente presente. Desde el punto de vista de la substancia, hay equivalencia absoluta entre la presencia de Cristo en el Evangelio y la presencia de Cristo en la Eucaristía. La manera —o para emplear un término de la escolástica, la forma— difiere, la substancia es idéntica.

---

[3] Instrucción por Preguntas y Respuestas, pág. 120

Es pues en la unión con Cristo, no solo espiritualmente, sino físicamente, por el contacto de nuestra mano con su Presencia, que contraemos nuestro compromiso. Adhesión que exige y compromiso que sella la *"fidelidad a la santa religión cristiana"* [4] y a todas las verdades que ella enseña, ocupando el primer lugar entre ellas la Encarnación del Verbo, proclamado —¡y con qué esplendor!— en el Prólogo del Evangelio de San Juan sobre el que tomamos nuestro compromiso.

Pero el Prólogo no está desvinculado del resto del Evangelio, y singularmente de aquella parte en la que San Juan el Teólogo — como lo llaman los ortodoxos, porque es quien más profundamente ha penetrado en el corazón del Misterio de la Divinidad—, rinde testimonio de la Divina Trinidad: el Cristo, Verbo encarnado, el Padre, de quien procede, y el Espíritu Santo el Paráclito, que Él comunica.

De ahí estas formulaciones que todos vosotros conocéis:

> "el Evangelio es la Ley del Masón" [5]; "el Evangelio es la base de nuestras obligaciones, si dejaras de creer en él, dejarías de ser Masón" [6]; "Prostérnate ante el Verbo encarnado. (...) Profesa en todo lugar la divina religión de Cristo". (*Ibid.*)

---

[4] Ritual de Aprendiz, pág. 81

[5] Instrucción Moral, pág. 111

[6] Regla Masónica, Art. I°- II, pág. 126

Quisiera destacar ahora un detalle particularmente interesante. La mano derecha está puesta a la vez sobre el Evangelio y sobre la espada. Esto viene a manifestar que la adhesión a Cristo es simultáneamente inmediata y mediata, es decir: próxima a una cosa, pero hallándose otra interpuesta entre las dos; ella se opera de dos maneras: por contacto directo con la Verdad —con *"Aquél que es la Verdad misma"*[7]— y por la mediación de un símbolo, ya que la espada, a diferencia del Evangelio, es un símbolo. Símbolo ¿de qué? La espada *"significa la fuerza de la fe en la Palabra de la Verdad"*[8]. Dicho de otra manera, simboliza esta adhesión sin restricción ni reserva que hace la substancia del juramento.

Repetimos. El juramento es un compromiso sagrado. En un compromiso, uno es dos. Aquí los dos están presentes: el Evangelio es, realmente, la Palabra de Verdad; la espada es, simbólicamente el que tiene fe en la Palabra de Verdad, *"con toda su fuerza, con todo su corazón y con todo su espíritu"*. (Lo que entraña, dicho sea de paso, que si esta espada no es la misma del candidato y que le pertenece en propiedad, entonces este símbolo está vacío de contenido).

Démonos cuenta de un hecho importante: la ausencia en todo esto de toda referencia masónica y la ausencia de todo símbolo masónico. Los útiles masónicos simbólicos

---

[7] Ritual de Aprendiz, pág. 80

[8] Instrucción Moral, pág. 111

por excelencia, como son la escuadra y el compás —a los que hay que añadir la trulla o paleta— están bien presentes en el altar, pero justo <u>al lado</u>. No se <u>interponen</u> entre la mano y el Evangelio —o Biblia— contrariamente a lo que sucede en todos los otros ritos sin excepción. En los Ritos continentales, por ejemplo, el Rito Francés o el Rito Escocés Antiguo y Aceptado, se presta el juramento sobre el Prólogo del Evangelio de San Juan, en los ritos Ingleses (Emulación y otros) sobre la Biblia abierta por el séptimo capítulo del primer Libro de Reyes, relativo a la construcción del Templo por Salomón; pero, en todos los casos, sobre el Libro Santo son puestos la escuadra y el compás, y es sobre todo ello que reposa la mano del candidato. En el Rito Escocés Rectificado, no. Se podría deducir de esto, para sacar la lección de esta diferencia que no es anodina, sino todo lo contrario, de importancia capital, se podría deducir de esto, decíamos, que en los otros Ritos la Francmasonería es el <u>intermediario</u> entre aquel que se compromete y Dios, que la Francmasonería es el instrumento de este juramento. En el Rito Escocés Rectificado, no. El único intermediario es la <u>fe</u> de aquel que se compromete, a lo que a propósito de ello la instrucción moral añade, como continuación de la fórmula ya citada, esta precisión totalmente en sintonía con san Pablo: (la fe) "*sin la cual, la Ley sola no sabría cómo conducir al Masón a la verdadera Luz*"[9].

---

[9] Instrucción Moral, pág. 111

En nuestro Rito, la Masonería no es la intermediación necesaria que reúne al hombre con Dios; sino que es la consecuencia que resulta de la adhesión íntima previa del hombre a Cristo. Y esto lo cambia todo.

Henos pues consagrados *"irrevocablemente"* [10] a Dios como Masones, es decir, por los trabajos que vamos a operar en tanto que tales. Esta consagración es renovada en cada obertura de dichos trabajos por la plegaria, que constituye de algún modo el <u>memorial</u>: esta plegaria, no es que opere en cada ocasión dicha consagración, ésta se hace en una ocasión y sirve para siempre, pero, por así decirlo, la plegaria <u>reactiva</u> el efecto en la conciencia de aquellos que van a entregarse a estos trabajos:

"Gran Arquitecto del Universo, Ser Eterno e Infinito, Tú que eres la Bondad, la Justicia y la Verdad mismas" —recordemos que Cristo ha dicho: "Yo soy el camino, la verdad y la vida"—, "Oh Tú, que por tu Verbo todopoderoso e invencible has dado el ser a todo lo que existe"—alusión inequívoca al Verbo Creador— "(...) bendice y <u>dirige Tú mismo los trabajos de la Orden</u> y los nuestros en particular."

El maestro de los trabajos, nuestro único Maestro, es pues el Cristo, y es por ello que los trabajos son sagrados, no pueden ser de otra manera.

---

[10] Instrucción Moral, pág. 69.

Antes de definir estos trabajos, quisiera librarme a algunas reflexiones marginales.

En primer lugar, quiero poneros en guardia contra lo que se ha convertido en un verdadero *tic* del lenguaje masónico. Los Masones hablan mucho sin reflexionar. Habréis oído a un buen número de ellos llenarse la boca con fórmulas tales como: *"crear el espacio sagrado"*, o *"crear el tiempo sagrado"*. No es que las nociones de espacio y tiempo sagrados sean falsas en el fondo, puesto que, en principio, el Masón de tradición trabaja siempre *"a la Gloria del Gran Arquitecto del Universo"*. Pero hay que rendirse a la evidencia. Para la mayor parte de ellos, esta mención no es, por así decirlo, más que una simple fórmula de cumplido. Y de lo que están convencidos (y lo repito, sin tener verdaderamente conciencia de ello, lo que es una circunstancia agravante), es de que por medio de los ritos de obertura de la Logia los Masones serían capaces, como quien dice, por una fórmula mágica, de <u>crear lo sagrado</u>, o algo de sagrado. He ahí un estado de espíritu extremadamente pernicioso, por no decir sacrílego, y las expresiones que lo traducen son pues a proscribir vigorosa y definitivamente.

Estas expresiones son a proscribir en tanto que ellas están en completa ruptura con la tradición masónica, tradición a la cual el Rito Escocés Rectificado ha permanecido fiel, mientras que otros, poco o mucho, se han desviado.

Para probar lo que acabo de afirmar tomaré dos ejemplos, no siendo mi intención la de entregarme ahora, si me permitís el neologismo, a la "ritualografía" comparada. Y para dar un poco más de peso a mis palabras tomaré prestados estos ejemplos del Rito más alejado del nuestro en su estructura y formulación, lo denomino Rito inglés, practicado en Francia en su versión de Emulación (pero los otros sólo difieren de éste en los detalles).

En el curso de la ceremonia denominada precisamente de "consagración" de una Logia, y que reproduce *mutatis mutandis* la consagración por Salomón del Templo de Jerusalén tal como es relatado en las Escrituras, ¿qué dice el Gran Maestro y sus dos asistentes?:

"Consagramos esta Logia a Dios y a su servicio".

De la misma manera, y en términos casi idénticos, la plegaria previa a la ceremonia de iniciación del grado de Aprendiz del Rito de Emulación empieza así:

"Dígnate, Padre Todopoderoso, Maestro Supremo del Universo, extender tu protección sobre nuestros trabajos, y conceder a este candidato a francmasón el dedicarse y consagrar su vida a tu servicio, a fin que devenga en un Hermano leal y fiel entre nosotros. Fortifícale con una parte de tu divina Sabiduría, etc."

Nada más claro. Y es tan claro que el Rito Escocés Rectificado no es la excepción a la regla que tantos Hermanos malintencionados —dicho de otra manera: falsos Hermanos— quisieran que fuera. El Rito Escocés Rectificado está en línea recta ("rectificada" podríamos decir) con la tradición. No ha innovado nada en relación a ella: simplemente la ha llevado hasta el extremo de su lógica interna. Es decir, que con él, con el Rectificado, la tradición es más pura y más radical.

A propósito del tema —recurrente en Masonería— de las *"tres grandes luces"*. En la costumbre inglesa actual —que no quiero llamar tradición puesto que al contrario se aparta de ella—, las tres Grandes Luces de la Masonería son la Biblia, la Escuadra y el Compás. La Biblia se encuentra por ello, y el ritual lo dice expresamente, reducida al estado de símbolo. Cuya cosa nuestro Rito recusa, como ya hemos visto. Esta concepción de las tres Grandes Luces ha contaminado el conjunto de la Masonería francesa, no ya porque el Rito de Emulación sea en sí un rito dominador y expansionista, sino simplemente porque es la base del ritual de Gran Logia practicado por la G.L.N.F. Y todos y cada uno debemos amoldarnos a este modelo.

Ahora bien, esta tríada —Biblia, Escuadra, Compás— es totalmente extraña a la tríada en curso, no ya únicamente en la tradición francesa, sino también en la tradición inglesa primera[11], donde las tres grandes luces son: el Sol, la Luna y el Maestro de la Logia. Es exactamente lo que podemos encontrar en el catecismo para el grado de Aprendiz[12]:

> "¿Qué habéis percibido cuando se os ha dado la luz?
> - *Tres grandes luces.*
> ¿Qué significan estas tres grandes luces?
> - *El sol, la luna y el Venerable Maestro*".

Así pues, la tradición. Pero a continuación, vayamos un paso más allá.

> "¿Qué relación hay entre el sol, la luna y el Venerable Maestro?
> - Al igual que el sol ilumina el mundo durante el día y la luna durante la noche, de la misma manera también el Venerable Maestro ilumina, sin cesar, la Logia con sus luces". (*Ibíd.*)

No estamos pues en el mundo cosmológico, al contrario que en el Rito inglés donde el Venerable Maestro es puesto en relación con el sol y los Vigilantes con la luna. La luz que emana del Maestro de la Logia es una luz <u>espiritual perpetua</u>. Es lo que evoca para nosotros este momento de la iniciación en el que se dice:

---

[11] cf. *Masonry Dissected* de Pritchard, 1730

[12] Instrucción por Preguntas y Respuestas, pág. 119

*"Hermano Aprendiz, la luz es inalterable, no ha cesado
ni un instante de brillar en todo su esplendor. Únicamente
vos estáis en la oscuridad."* [13] .

Ahí se nos empieza a poner sobre el camino. Con el
intercambio de réplicas que sigue, entramos de pleno en él:

"¿Qué más habéis percibido?
- *Un candelabro de tres brazos sobre el Altar de Oriente.*
¿A qué hace alusión?
- *Al triple poder que ordena y gobierna el mundo y
que es expresado en las Logias por el Venerable Maestro
y los dos Vigilantes"* [14].

En definitiva, la tradición y nada más que la tradición -
en este caso toda la tradición cristiana. Edmond Mazet ha
demostrado, en un destacado estudio, tan brillante como
documentado [15], que:

"La tríada el Sol, la Luna y el Maestro de la Logia
tiene por misión, en Masonería, el manifestar que la
Orden masónica, y singularmente la persona del Maestro de la Logia, depositario de la autoridad y la tradición,

---

[13] Ritual de Aprendiz, pág. 85

[14] Instrucción por Preguntas y Respuestas, pág. 119

[15] *El Sol, la Luna y el Maestro de la Logia.* Trabajos de la Logia de
Estudios Villard de Honnecourt, n° 12, -1986, pág. 123.

participa fundamentalmente de la triple obra del Verbo
Creador, Iluminador y Salvador."

Está bien claro. Pero es preciso ir más allá, y es lo que
hace nuestro Rito. Ya que Jesús ha dicho:

> "Las cosas que yo os digo, no las hablo por mí mismo. Y
> el Padre, permaneciendo en mí, hace sus propias obras" [16].

Estando este pasaje encuadrado en el mismo capítulo
en el que Jesús proclama: "*Yo soy el camino, la verdad y
la vida*" [17] y en aquel en que anuncia el envío del Espíritu
Santo [18]. E igualmente ha dicho:

> "Tenemos que obrar las obras de aquel que me envió
> (...) Yo soy la luz del mundo" [19].

El Verbo, en sus obras, no puede ser disociado del
Padre y del Espíritu. Y la "*luz de Cristo*", *Lumen Christi*,
es la epifanía de la Trinidad.

En consecuencia, en el Rito Escocés Rectificado, no es
que tengamos tres luces, tenemos una luz triple, o mejor
aún trina, la luz de la Divina Trinidad:

---

[16] Jn. XIV, 10.
[17] Jn. XIV, 6.
[18] Jn. XIV, 26.
[19] Jn. IX, 4-5.

- presente en el Santo Evangelio;
- simbolizada por el candelabro de tres brazos sobre el altar de Oriente;
- simbolizada igualmente por las tres antorchas que rodean el tapiz de la Logia y que representan la Trinidad, la cual, continuamente, crea, forma y sostiene el universo en su constitución triádica.

Tal es la Luz que *"nos ilumina en nuestros trabajos"*[20]. Luego, estos trabajos, ¿cuáles son? Un análisis del primer trabajo encomendado al nuevo aprendiz, a saber *"trabajar sobre la piedra bruta"*[21], permitirá darnos una idea suficiente.

Esta piedra bruta, se le dice (ibid.), es *"un verdadero emblema de vos mismo"*. En otra parte se precisa[22]:

"Esta piedra bruta es el emblema del Aprendiz Masón que (...) comienza a conocerse (...) y reconoce la urgente necesidad de trabajar seriamente en mejorar todo su ser."

Finalmente, más adelante, se desvela el objetivo último de este trabajo:

"¿Que significa la piedra bruta?

---

[20] Ritual de Aprendiz, pág. 104

[21] Ritual de Aprendiz, pág. 94

[22] Instrucción Moral, pág. 114

- Es el verdadero símbolo del Aprendiz, y del trabajo que debe hacer sobre sí mismo, para poder llegar a la verdadera Luz."[23]

Toda la Masonería se asigna como finalidad el perfeccionamiento de uno mismo. Pero nosotros estamos aquí bien lejos, muy por encima, de la simple adquisición de conocimientos o incluso virtudes, en que otros sistemas hacen consistir este perfeccionamiento. En nuestro caso, de lo que se trata es ni más ni menos que de hacerse digno de Cristo. La obra a llevar a cabo no es pues ni intelectual, ni moral —o si lo es, lo es de manera subordinada y secundaria—; ella es de índole espiritual. Nos atreveríamos a decir que: es una obra "*en espíritu y en verdad*".

Las etapas a seguir son claramente indicadas por el Venerable Maestro en la última ocasión en que éste se dirige al Aprendiz, una vez finalizada su ceremonia de recepción[24]. Hay que:

- "*desbastar*" esta piedra bruta que es uno mismo;
- "*pulirla*";
- "*descubrir la bella forma de la cual es susceptible*" (= capaz de tomar), dicho de otra manera, darle la forma que debe ser la suya, que le es (pre)destinada, y esta forma es bella;

---

[23] Instrucción por Preguntas y Respuestas, pág. 120.
[24] Ritual de Aprendiz, pág. 94.

• forma "*sin la cual sería rechazada de la construcción del Templo que nosotros elevamos al Gran Arquitecto del Universo*".

En cuanto a los autores cristianos, veremos que multitud de textos evocan lo que, a través de los años, se ha llegado a convertir en lugar común de la literatura "edificante" (en todo el sentido del término). El más antiguo de estos autores, el Pastor de Hermas, viejo de apenas cien años después de la vida terrestre de Cristo (es decir, de mitad del siglo II°), da un sorprendente desarrollo a esta asimilación de los hombres a las piedras que deben encontrar su justa forma para poder tomar su lugar en el edificio que eleva el Cristo. De este florilegio sólo extraeré un texto, que es litúrgico. Es un himno de vísperas de la dedicación de una iglesia, data del siglo VIII°. Dice así:

"Celeste villa de Jerusalén, feliz visión de paz que, elevada con piedras vivas, te diriges hacia las estrellas (...) Talladas por el cincel salvador y pulidas a golpes repetidos por el mallete del Obrero son las piedras que componen este edificio; juntas, estrechamente unidas, ellas se elevan hasta la cima".

Todo esto encuentra su origen en este pasaje bien conocido, y a menudo citado, de la primera epístola de San Pedro:

"También vosotros, como piedras vivas, sed edificados en casa espiritual para un santo sacerdocio a fin de ofrecer sacrificios espirituales aceptos a Dios por medio de Jesucristo"[25].

Es de este mismo trabajo de edificación espiritual de lo que trata nuestro ritual. Y señalemos que este trabajo rechaza toda transposición por analogía con las prácticas operativas. Una simple observación de sensatez bastará: intentad pulir una piedra bruta a golpes de mallete y sin cincel. Es del todo imposible. Esta es una característica general del Rito Escocés Rectificado: la ausencia de toda referencia, incluso conmemorativa, a las prácticas operativas. En nuestras Logias no hay estas piedras brutas, piedras cúbicas, mazos, cinceles, palancas, martillos, que ornan —algunos dirían: atestan— las Logias de Rito Francés, que si, como dicen, son tan parecidas a las nuestras lo serán en todo caso por otros aspectos.

La obra a la que el Masón Rectificado es invitado a entregarse es espiritual, y se anuncia como tal. Yo diría que incluso es mística. El término aparece al menos una vez. A la pregunta de: "*¿Qué representa la Logia?*", la respuesta es:

"El Templo de Salomón reconstruido místicamente por los Francmasones."[26]

---

[25] 1ª Pedro II, 5.

[26] Instrucción por Preguntas y Respuestas, pág. 116.

Un poco más adelante, podemos leer:

"¿Por qué el Templo de Salomón sirve de emblema a los Francmasones?

- Para recordarles que deben elevar en su corazón un Templo a la virtud, con el mismo grado de perfección que alcanzó el construido por Salomón a la Gloria del Gran Arquitecto del Universo."[27]

Reconstruir místicamente en nuestros corazones un templo perfecto a la gloria del Gran Arquitecto del Universo, ¿qué quiere decir?

Pongamos juntas varias propuestas:

- *"descubrir la bella forma de la que es susceptible"*;
- *"el trabajo que debe hacer sobre sí mismo para hacerse digno de la Verdadera Luz"*;
- la primera máxima: *"El hombre es la imagen inmortal de Dios; pero ¿quién podrá reconocerla si el mismo la desfigura?"*;
- la explicación de *Adhuc Stat*: *"El hombre está degradado, pero le quedan medios suficientes para volver a su estado original, y que el Masón debe aprender a utilizar"*[28];

---

[27] Instrucción por Preguntas y Respuestas, pág. 122.
[28] Instrucción por Preguntas y Respuestas, pág. 122.

- finalmente este comentario referente al mandil: "*Esta luz*" - luz de la que se acaba de decir que "*os es representada por el candelabro de tres brazos (...) como el emblema del triple poder del Gran Arquitecto del Universo*": luz divina, en consecuencia, y más concretamente luz divina <u>trinitaria</u>; "*esta luz*", pues, "*es la <u>primera vestimenta del alma</u>, la prenda que se os ha dado* (refiriéndose al mandil) *no es más que su representación y su blancura designa en ella la pureza*" [29].

Todo este conjunto de propuestas nos indica en qué consiste "*hacerse digno de la Verdadera Luz*". Es <u>recobrar la luz divina de la que el hombre estaba revestido en su origen</u>. "*Reconstruir místicamente un templo perfecto*" es otra manera de hablar para designar la misma obra. Y podemos comprender ahora que esta obra es efectivamente sagrada, y lo es porque es <u>el Cristo mismo quien la dirige</u>.

Ha sido dicho hace poco que el Masón debe aprender a emplear los "*medios suficientes*" que le quedan. ¿Cuáles son estos medios? Estos son expuestos en la explicación que le es dada cuando los tres golpes dados por el Aprendiz en el curso de su primer trabajo:

"La batería de tres golpes desiguales por la que habéis comenzado este trabajo os indica los medios de hacerlo

---

[29] Instrucción Moral, pág. 113.

con resultado. Los dos primeros golpes precipitados indican la Ley de la naturaleza que fue dada al hombre para dirigirle en los primeros tiempos del mundo y la Ley escrita que fue dada a Moisés sobre el monte Sinaí para el segundo tiempo. Pero el último golpe separado os indica la perfección de la Ley de Gracia para el tercero, y la <u>fuerza</u> que resulta para el cristiano de <u>la reunión de los tres</u> y del <u>cumplimiento de los dos primeros.</u>"[30]

Fórmula absolutamente relevante que merecería largas exégesis.

Ley natural, ley de Moisés, ley de gracia. La aplicación a la Masonería de estas etapas sucesivas de la Historia Sagrada no es exclusiva del Rito Rectificado. He publicado no hace mucho[31], en una publicación que algunos de vosotros conoceréis (Cahier Vert n° 13), la traducción, por primera vez en francés, de extractos de una obra inglesa de 1775, asi pues contemporánea de los inicios del Rectificado. Esta obra titulada *The Spirit of Masonry* tiene por autor a William Hutchinson, absolutamente olvidado en nuestros días y que sin embargo gozó en su tiempo de excelente reputación. Añadamos que su libro apareció revestido con la aprobación oficial de todas las autoridades de la Gran Logia de Londres (la de los Modernos), incluida la del

---

[30] Instrucción Moral, pág. 114.

[31] En 1993.

Gran Maestro a su cabeza. Pues bien, podemos encontrar una concepción absolutamente paralela. Hablando de los tres grados o "estados" —que también llama "órdenes"— de Aprendiz, Compañero y Maestro, escribe:

> "El conocimiento de Dios y de la Naturaleza forma el primer estado de nuestra profesión; el culto de Dios bajo la ley judía es descrito en el segundo grado de la Masonería; y la revelación cristiana aparece en el último y supremo Orden"[32].

Y prosigue, a propósito de las tres "luminarias" (antorchas):

> "Nuestras tres luces nos muestran los tres grados de la Masonería, el conocimiento y el culto de Dios de la naturaleza en la inocencia del Edén; el culto divino bajo la ley mosaica, una vez liberada de la idolatría; y la revelación cristiana: incluso, visto de otro modo, nuestras luces son un tipo de la Santísima Trinidad"[33].

Asombroso, ¿no es cierto? Y algunos, ¡aún se atreverán a mantener, después de esto, que la Masonería rectificada es "atípica"!

Pero volvamos a la sucesión: ley natural, ley de Moisés, ley de gracia. Estas tres leyes, <u>que no adolece la una a la otra</u>

---

[32] Página 119.

[33] Página 121.

<u>sino que cada una se cumple en la siguiente</u>, están marcadas cada una de ellas por una alianza: la alianza con Noé, lo que Anderson, después de numerosos autores religiosos (principalmente medievales, tanto cristianos como judíos) ha denominado "noaísmo"; la alianza con Moisés, calificada por los cristianos como la Antigua Alianza (es el sentido del "Antiguo Testamento"); y finalmente la "Nueva y Eterna Alianza", para volver a los términos del Canon eucarístico.

A cada una de estas leyes y de estas alianzas le ha correspondido un templo: a la primera, el templo cósmico o templo universal; a la segunda, el Templo del Señor (*Templum Domini*) o Templo de Dios Uno; viene finalmente el Templo por excelencia, Templo de Dios Tri-Único, cuya característica absolutamente inconcebible para la razón humana es que el Templo del Señor no es otro que el Señor mismo, y el hombre que se conforma a Él y se une a Él y en el que Dios establece su morada.

La Masonería, durante el primer período de su historia, se basaba en las tres leyes, las tres alianzas y los tres templos. Cerca de dos siglos después, sólo reconoce las dos primeras de las tres leyes, las dos primeras de las tres alianzas, los dos primeros de estos tres templos. Esperando, quién sabe, no reconocer ya ninguno - al fin y al cabo, una parte nada despreciable de ella lo ha hecho ya, ¿por qué no su totalidad? Todo esto es una regresión manifiesta, por no decir una transgresión. Salvo excepción hecha —excepción molesta y que irrita— del Rito Escocés Rectificado, así como de nuestros "primos hermanos", los Ritos Sueco y de Zinnendorf, fieles al igual que el nuestro a la pura tradición cristiana.

Ya que, si bien es cierto que el objeto de la iniciación es edificar un templo en el que el Señor venga a hacer su morada, la iniciación perfecta y sin contestación posible es la iniciación cristiana.

Y añadiré esto. El modelo perfecto de la iniciación cristiana es María. María, el primer ser humano en el mundo al que la Divina Trinidad toma por morada, el primer Templo viviente de Dios viviente. María, madre adoptiva de San Juan, del que una leyenda antigua hace, no solamente el patrón de los Masones, juntamente con San Juan Bautista, sino también uno de sus primeros Maestros: se encuentran trazos de esto en la mención del catecismo del Aprendiz según la cual él (San Juan) ha *"reunido los obreros que estaban dispersos"*[34]. María, que es también nuestra madre en tanto que Masones como en tanto que hijos de Dios. Nosotros somos *"hijos de la viuda"* porque somos *"hijos de María"*.

Quisiera, a propósito de todo esto, leeros algunos extractos de un admirable sermón de San Bernardo *"para la consagración de la iglesia"*. Dice así:

---

[34] Instrucción por Preguntas y Respuestas, pág. 116.

"1. En otro tiempo un rey glorioso, un profeta del Señor, un santo, David, se sintió conmovido por este piadoso pensamiento: era indigno que el Señor de los ejércitos no tuviera aún residencia sobre la tierra cuando él mismo habitaba una mansión digna de la majestad real[35]. He aquí, hermanos míos, lo que debe también preocuparnos en un pensamiento de fe y que debemos igualmente aplicarnos en ponerlo en práctica. El hecho de que, habiendo sido este pensamiento del Profeta agradable al Señor, sin embargo, su realización fuera reservada a Salomón, tiene causas que serían demasiado largas de explicar ahora. Para ti, oh alma mía, tú habitas ciertamente en esta casa elevada, que Dios mismo ha construido para ti. Es de tu cuerpo que quiero hablar: la ha reunido, dado forma, ornado y ordenado de tal manera que tú la habitas dignamente y con alegría. Y para tu cuerpo ha hecho una casa elevada, muy bien dispuesta y bella; quiero hablaros de este mundo sensible y habitable. ¿No crees acaso que sería inconveniente que, después de haber construido una casa para ti, no soñaras en edificar un templo para él? (...)

---

[35] II Reyes 7, 2; I Par., XVII, 1.

2. Pero nosotros ¿en qué pensamos, hermanos
míos? ¿Dónde se encuentra el lugar de este
edificio y quién será el arquitecto? Ya que este
tiempo visible es hecho para nosotros, para que
habitemos en él; el Altísimo no habita en edificios
construidos de la mano del hombre. ¿Qué templo
edificaremos a aquél que ha dicho y lo ha dicho
con verdad: <u>¿Por ventura los cielos y la tierra
no están llenos de mí?</u>[36]. Estaría totalmente
turbado y mi espíritu estaría ansioso si no oyera
al Cristo decir: "*Si alguno me amare, guardará mi
doctrina, y mi Padre le amará, y vendremos a él,
y en él haremos morada*"[37]. Pues yo sé ahora
dónde debo prepararle una morada, ya que sólo
puede ser recibido por aquel que es su imagen.
El alma que ha sido creada a su imagen es capaz
de contenerle. Es por lo que apresúrate, Sión,
orna tu cámara; ya que el Señor se ha cumplido
en ti, y tu tierra será habitada. ¡Alégrate hija de
Sión! ¡Tu Dios habitará en ti! Di con María: *He
aquí la esclava del Señor; hágase en mí según tu
palabra*[38]. Di también, tomando las palabras de

---

[36] Jer., XXIII, 24.

[37] Jn., XIV, 23.

[38] Lc., I, 38.

Santa Isabel: ¿Cómo me ha acontecido esto, que venga a verme la majestad de mi Señor?[39]. ¡Cuán grande es la bondad de Dios, su condescendencia! ¡Cual será la dignidad, la gloria de las almas, para que el Señor de todas las cosas y, sin necesidad alguna, les pida que ellas le sirvan de templo!

3. Es por lo que, hermanos míos, con un gran deseo y una digna acción de gracias, apliquémonos en edificarle un templo dentro de nosotros mismos, poniendo cuidado: primero que habite en cada uno de nosotros, a continuación que lo haga en todos a la vez; ya que no desdeña residir ni en cada uno, ni en todos. Así pues, en primer lugar, que cada uno se aplique en no dispersarse fuera de sí mismo; ya que *todo reino que se divide será desolado, toda casa dividida contra sí misma no podrá subsistir*[40]; el Cristo no entrará en una casa cuyos muros se abran y cuyos aguilones cuelguen. (...)

Que el alma vea, pues, si ella desea que el Cristo habite por la fe en su corazón, es decir, en ella misma. (...)

---

[39] Lc., I, 43.

[40] Mt., XII, 25.

4. Pero, aunque cada uno se comporte así, aún es necesario que estemos todos juntos y cimentados por la caridad natural que es el lazo de la perfección[41]. (...)

La morada en la que él estará será pues construida y constituida con solidez porque en ella debe morar siempre."

(San Bernardo, II° sermón para la consagración de una iglesia)

Mi conclusión será en forma de advertencia, y de advertencia grave y solemne. Todo esto —este trabajo de la iniciación— que acabo de describir es <u>imposible sin el bautismo</u>, que <u>realiza</u> la conformidad total con el Cristo por la incorporación de Cristo.

En el ritual bautismal antiguo, se dice:

"Que la naturaleza humana creada a tu imagen y <u>restablecida en la dignidad de su origen y en tu semejanza</u>, sea aquí purificada de toda mancha de la antigua decadencia, a fin de que todo hombre que acceda a este sacramento de la regeneración renazca a la nueva infancia de la verdadera inocencia."

Y más adelante:

---

[41] Col., III, 14.

"Que seas marcado con el signo de la cruz. <u>Recibe la fe</u> que enseña los mandamientos de Cristo y conviértete por tu ejemplo de vida en la <u>morada del Espíritu Santo</u>."

Guardaros de pensar que este resultado, la iniciación lo pueda operar por ella <u>sola</u>. <u>Guardaros de sustituir la iniciación por el bautismo</u>. Sería una profanación doblemente sacrílega: respecto al Evangelio, que es la "ley del Masón", y respecto a la iniciación misma.

¡Oh!, existen por cierto iniciaciones de todo tipo, que J. B. Willermoz, en su tiempo, había ya inventariado. Algunas de ellas son perniciosas, maléficas, incluso podríamos decir satánicas; otras simplemente raras, anormales; las menos inofensivas son aquellas que son nulas, inoperantes. Pero la única y verdadera iniciación —en este caso la nuestra— no se puede operar sino es con el Cristo. Ella requiere dos elementos indispensables: la presencia activa de Cristo y la fe que nos hace actuar con Cristo. La presencia de Cristo es el Evangelio, la fe es la espada - y nos vemos aquí llevados a nuestro punto de partida. Las dos son necesarias. La iniciación se realiza por la cooperación activa del iniciado: cada uno de nosotros, con el Iniciador: el Cristo.

Convertirse en piedra viva del Templo viviente, es incorporarse místicamente al Cuerpo de Cristo, *Corpus Christi*. Ahora bien, ¿qué es el Cuerpo místico de Cristo (*Corpus mysticum Christi*)? La Iglesia. La verdadera Masonería construye la Iglesia.

La iniciación coopera con el sacramento, ella baja las barreras de las pasiones, allana el camino para que el sacramento actúe sin nada que se le oponga. La iniciación hace de nosotros una copa a llenar hasta el borde por el vino del amor y el conocimiento de Dios. Ella excava en nosotros una Iglesia interior, o una simple gruta, un establo en el que, por la gracia del sacramento que da respuesta a la fuerza verdadera de nuestro deseo, Cristo nacerá, después se agrandará hasta llenarnos por entero, al igual que en otro tiempo la Gloria del Eterno en el Templo de Jerusalén, conformándose a nosotros porque nosotros nos conformamos a Él, "*hasta que nos encontremos todos (...) en el varón perfecto, en la medida de la edad de la plenitud del Cristo*"[42].

La iniciación sólo se dirige a los "*hombres de deseo*". Hombre de deseo, *vir desiderorium* (según la Vulgata), esta expresión enigmática que no se encuentra más que en el profeta Daniel, en tres sitios[43], ha recibido tantas traducciones como versiones de la Biblia: hombre favorecido de Dios, hombre predilecto, bien amado, deseable... (es el sentido del hebreo). Atengámonos a esta fórmula, recibida de Martinez de Pasqually (en despecho de la hebrea). Fórmula capital para el Régimen Escocés Rectificado, como lo fue para

---

[42] Ef., IV, 13.

[43] Capítulos IX y X.

Willermoz y Saint-Martin. Fórmula tan rica que se impone, no en despecho, sino a causa de su misma ambigüedad.

El deseo del que se trata no es evidentemente un deseo mundano, salido de la concupiscencia, sino que es el deseo de Dios. Ahora bien, "deseo de Dios", leído en los dos sentidos: deseo probado por Dios, pero también deseo probado para Dios. El hombre de deseo es el hombre que desea Dios, y es también el hombre que Dios desea. En cualquier caso, todo hombre es deseado de Dios, objeto del "favor" de la dilección divina.

> "Este es mi hijo bien amado, en quien he puesto todos mis favores": estas palabras designan, no solamente al Hijo, sino igualmente a todo hombre que, por el Espíritu Santo y en el Cristo, exclama: "*¡Abba! ¡Padre!*".

Cuando el deseo de Dios por el hombre responde al deseo del hombre por Dios, Dios no se resiste: ¡viene! Y entonces es Navidad...

Y —para darme este placer— terminaré con mi querido Saint-Martin. Y evidentemente lo haré profundizando, justamente, en su libro El Hombre de deseo. Los pasajes que siguen no los he escogido, me han sido dados. Escuchadlos con los oídos de vuestro corazón:

> "Hombre, el sentimiento de tus necesidades espirituales te trae a la esperanza y al deseo, que es una fe incipiente;

el sentimiento del espíritu y de la verdadera naturaleza te trae a la fe, que es una esperanza completa;

El sentimiento del Dios hombre y reparador te trae al amor y a la caridad, que son la acción viva y visible de la esperanza y de la fe."[44]

Y aún:

"Hombre de deseo, esfuérzate por llegar a la montaña de la bendición, haz renacer en ti la verdadera palabra (...)

Todas las regiones regeneradas en la palabra y en la luz elevarán, como tú, su voz hasta los Cielos; ya no existirá más que un sonido, que se hará oír para siempre; y ese sonido es: EL ETERNO, EL ETERNO, EL ETERNO, EL ETERNO, EL ETERNO, EL ETERNO, EL ETERNO[45]."

---

[44] Canto 121.

[45] Canto 300.